MERIAN *live!*

Bretagne

Dirk Schröder

Deltas

Locronan met zijn verweerde kathedraal wordt druk bezocht.

INHOUD

Welkom in Bretagne

Bretagne beleven

Bezienswaardigheden en uitstapjes

Uitstappen

Belangrijke informatie

Kaarten en stadsplannen

Paul Gauguin heeft eens gezegd: «Ik hou van Bretagne.» Het licht, de kleuren, maar ook de zeden en gebruiken hebben indruk gemaakt op hem.

«Ik hou van Bretagne» zeggen ook veel mensen die telkens weer hun vakantie in het uiterste westen van Frankrijk doorbrengen. Zij zoeken niet de overbevolkte badstranden, zij willen niet »eten zoals thuis«, en voor hen hoeft het niet 35° C in de schaduw te zijn. Zij zijn in de ban van het afwisselende landschap en genieten van de veranderingen van de zee. Zij kunnen urenlang kijken hoe bij eb de uitgestrekte zandvlakten vrij komen te liggen en de boten langzamerhand vast komen te zitten in de modder en met de eerste golven weer op en neer deinen. Maar zij komen ook voor de mythen in Bretagne, die tot leven worden gewekt tijdens een wandeling door het toverbos van **Brocéliande**, waar koning Arthur en zijn vazallen leefden en de druïden hun offerceremoniën hielden.
Ook over de menhirs en dolmens zijn veel legenden in omloop: als een vrouw bijvoorbeeld haar buik langs een menhir wrijft om zwanger te worden, dan moet zij bij de dolmen

Sprookjesachtige bossen en rotsdalen: een geheimzinnig stukje Bretagne

»Roche aux Fées« de stenen tellen, zodat zij weet of haar geliefde haar wel of niet ten huwelijk vraagt! Ook op de calvariebergen ligt de pathos van vele eeuwen. Vol symboliek verhalen ze over een tijd toen het land in het westen nog onafhankelijk was en een economische bloeiperiode kende. Grimmige duiveltjes liggen op de loer bij het duivelsravijn, Ankou – de dood – prijkt aan de gevel van het knekelhuis en wacht tot de tijd voor de volgende zondaar is aangebroken...

Niet te vergeten de vele heiligen: Guirec, Egarec, Languis en hoe ze allemaal ook mogen heten, de lijst van beschermheiligen is lang. De een wordt als huwelijksbemiddelaar, de ander bij oorpijn aangeroepen, er is zelfs een heilige tegen verveling. De meesten werden door de dorpsbevolking uitgeroepen; slechts een enkeling werd door de paus erkend. Maar dat interesseert de Bretons nauwelijks: op de dag van de heilige wordt een processie gehouden. Volgens oude traditie wordt het standbeeld dan door het dorp gedragen. Daarbij wordt biniou en bombarde gespeeld, de klederdracht met de witte kanten kapjes gedragen en aansluitend feest gevierd.

De taal – uitdrukking van zelfstandigheid

De ervaren Bretagne-vakantieganger weet dat de mensen hier van hun oude volksdansen houden en op een **Fest-Noz** graag een dansje maken. Er wordt verteld dat de Bretons de plaatsnaamborden speciaal zo neerzetten dat geen Fransman de

In hun klederdrachten weerspiegelen de Bretons hun zelfstandigheid

weg kan vinden. Dat geeft duidelijk aan dat menige nationalist de teleurstelling over het onvrijwillige »huwelijk« in 1532 met het machtige buurland nog steeds niet heeft verwerkt. Integendeel, de Bretonse nationale beweging met haar roep om onafhankelijkheid krijgt steeds meer aanhangers, hoewel niet iedereen zich van het moederland wil vrijmaken. Ongeveer een half miljoen Bretons spreekt tegenwoordig nog hun eigen taal. Boeken, gedichten en zelfs popmuziek zijn er inmiddels in de Bretonse taal, en aan het eind van een concert staat het publiek op om het volkslied te zingen. De vier witte strepen in de Bretonse vlag »Gwenn ha du« (wit en zwart) herinneren aan de oude Bretonstalige bisdommen in het westen. Voornamelijk hier, in Basse-Bretagne, hoort men de harde klanken van de Bretonse taal ook in het dagelijks leven. Het is een zelfstandige taal waarvan de wortels ver terug in de Gallische »oerbevolking« liggen en die geen overeenkomsten heeft met het Frans. Nog steeds voelen velen zich meer verbonden met hun »verwanten« van Keltische afstamming in Ierland, Schotland en Wales, dan met de Fransen. Zoals men bij Asterix en Obelix kan lezen, slaagden de Romeinen er niet in het kleine volk in Armorica volledig te onderwerpen – ook de Franse centrale regering heeft het niet gemakkelijk met de mensen in het uiterste westen. Zo stichtten de boeren in de jaren zestig resoluut eigen coöperaties – zonder toestemming van de bureaucraten in Parijs brachten zij hun produkten zelf op de markt en hadden daarmee succes.

Argoat – land van de bossen

De kenner komt ook vanwege de »bijzondere plaatsen« hierheen: ja, die zijn er nog in Bretagne. Men vindt ze zelden aan de kust die door de meeste

Prachtig kustlandschap aan de «Côte de Granit Rose»

vakantiegangers wordt bezocht, maar wel in het binnenland, in het groene Bretagne. Reeds enkele kilometers van de badstranden verwijderd liggen de rustige dorpen met hun kerkjes in de omheinde parochies. In het hartje van Bretagne liggen – men kan het nauwelijks geloven – ca. 4000 kastelen, herenhuizen en schitterende landhuizen »verscholen«. Daarmee is Bretagne recordhouder van Frankrijk. Veel van deze huizen zijn bewoond, deels ook te bezichtigen, of ze houden als hotel of château-camping de poorten wijd open voor de reizigers. Ter verdediging van de oostgrens werden onder andere de grote burchten **Josselin, Vitré** en **Fougères** gebouwd.

Het »land van de bossen«, zoals het ten tijde van de Kelten nog bestond, zou tegenwoordig omgedoopt moeten worden in het »land van de omheinde weilanden«. De bewoners hebben met grote inspanning het karakteristieke bocage-landschap aangelegd om de grond van de tegen wind beschutte percelen te kunnen cultiveren. Typisch! – maar wat is »typisch«? Dat geldt zeker voor de Bretonse huizen met hun brede schoorstenen aan beide fronten. Wit gekalkt of granietgrijs, maar zelden hoger dan twee verdiepingen, om zo weinig mogelijk weerstand te bieden tegen de voortdurend aanwezige wind, duiken ze op in het golvende landschap. Een aanblik die veel schilders heeft gefascineerd.

Armor – het gebied langs de zee

Dat is de andere kant van Bretagne, de open, door de toeristen geprefereerde kant. Als een leeuwekop die uit de Atlantische Oceaan drinkt en zijn manen in het Kanaal wast, zo zien de Bretons hun land dat een kustlijn heeft van ca. 2500 kilometer. Het is een kust vol contrasten: kleine, door rotsen omgeven baaien gaan over in

Sinds mensenheugenis leven veel Bretons van de visvangst

lange zandstranden en duingras met rozekleurig graniet. Smalle rivieren en hobbelige wegen slingeren langs de »Côte Sauvage«, de »woeste kust«, diep dringen de fjorden die door de Bretons »aber« worden genoemd, het land binnen. Duizelingwekkend hoge klippen doemen op, en daarnaast liggen de beschutte havenbaaien.

Sinds duizenden jaren leven de mensen aan de kust van de zee die hen niet alleen vis en zeewier oplevert, maar ook vaak de »buit« van een gestrand schip. Een aantal bewoners van de westkust waren daarom ook niet blij met de bouw van de vuurtorens. Ook nu nog spelen de zeevaart en de visvangst een belangrijke rol. De schepen varen niet meer naar IJsland, zoals ten tijde van de Bretonse schrijver Pierre Loti, maar naar de Seychellen om daar op tonijn te vissen. Andere vissen op zeekreeft voor de kust van Afrika, omdat de stand voor de eigen kust steeds meer afneemt. Op veel menukaarten staan kreeften, zeespinnen, langoesten, mosselen en alle mogelijke soorten vis.

Hoewel Bretagne tot de belangrijkste vakantiegebieden van Frankrijk behoort, zijn aan de kust geen vakantiekolonies ontstaan waar alleen Engels, Duits of Italiaans wordt gesproken. De familiebedrijven in de gastronomie en het hotelwezen overheersen.

"Armorica" noemden de Kelten reeds tweeduizend vijfhonderd jaar geleden hun geboortestreek en daarmee bedoelden zij ook de talloze eilanden en klippen die als parels voor de kust liggen, allemaal met hun eigen karakter: **Belle-Ile**, het »mooie eiland«, dat zijn naam eer aandoet, het **Ile d'Ouessant**, gedomineerd door de golven van de Atlantische Oceaan. Lieflijk in de archipel van de roze rotsen ligt het **Ile de Bréhat**, het **Ile aux Moines** in de Golfe du Morbihan met sporen uit het megaliettijdperk. Eilanden die ontdekt willen worden – met de fiets, te voet of tijdens een boottocht.

De gemakkelijkste manier om naar Bretagne te reizen is per autoslaaptrein, waarbij vergeleken met de auto twee vakantiedagen worden bespaard.

Met de auto

Alle autowegen in Bretagne lopen via Parijs, waarbij men daar indien mogelijk de spitsuren moet vermijden. Het westen van Frankrijk is in een of twee dagen bereikbaar. Vanuit Parijs is het nog 354 kilometer naar Rennes. Om het soms aanzienlijke tolgeld **(péage)** te sparen, volgen veel vakantiegangers de gewone wegen. Hierbij zijn de met »N« aangeduide nationale wegen te verkiezen boven de departementale wegen. Dan volgt u deze route: Lille-Arras, N25 naar Amiens, N28 naar Rouen, autoroute naar Caen, N175 naar Pontorson, N175 naar Rennes. Als vertrekdatum moet men niet de dag voor een lang weekend en het begin van de vakantie (in Frankrijk half juli) kiezen, want dan zitten de autowegen in Frankrijk dicht.

Met de trein

Door de snelle verbinding met de TGV (Train à Grande Vitesse) over Parijs en Rennes naar Brest,

Een modern spoorwegstation voor moderne supersnelle treinen: Rennes

Quimper of La Baule in het zuiden is de trein qua tijd als verkeersmiddel verreweg te verkiezen boven de eigen auto. Voor de mobiliteit in het vakantiegebied zorgt dan de gehuurde auto of een fiets, die ook met de trein vervoerd kan worden. In Parijs moet men natuurlijk wel een uur uittrekken om over te stappen als men een andere trein in een ander station moet nemen, wat ook nog gepaard gaat met een lange reis in de metro. U kunt natuurlijk ook een tussenstop maken in de hoofdstad aan de Seine. Indien u de slaaptrein neemt is het verstandig tijdig een couchette te reserveren. Op deze manier kunt u slapend twee vakantiedagen besparen.

Gemakkelijk en snel:
reizen met de TGV

De fiets als vervoermiddel wordt tijdens de vakantie steeds populairder. Bus en trein zorgen voor een goede verbinding tussen de grote plaatsen.

Met de auto

De eigen auto blijft voor het grootste deel van de vakantie in Bretagne het populairste vervoermiddel. Het biedt de beste mogelijkheid voor uitstapjes in de omgeving van uw vakantiebestemming. Op de vele »rond points« (rotondes) hebben de voertuigen op de rotonde voorrang. Op een van de belangrijkste wegwijzers staat »Toutes Directions« (alle richtingen). Met »par la côte« worden de mooie routes langs de kust aangegeven. Goede regionale kaarten krijgt men goedkoop in elke boekhandel en souvenirwinkel in Bretagne.

Huurauto

Alle grote huurautobedrijven hebben een filiaal in alle grote plaatsen in Bretagne. Voordelig zijn gecombineerde aanbiedingen zoals »fly-and-drive« of de door de Franse Spoorwegen (SNCF) aangeboden variant «rail-and-drive«. In beide gevallen staat de auto bij aankomst

In het binnenland of aan de kust: Bretagne is ideaal om te fietsen

voor u klaar. Wie voor een paar dagen een auto of motor wil huren, profiteert in het weekend of bij aanbiedingen van enkele dagen van gunstige voorwaarden.

Trein

Vanuit Rennes lopen treinen naar het noorden, zuiden en westen van Bretagne tot in Brest toe. Met de hogesnelheidstrein TGV (Train à Grande Vitesse) duurt de reis dwars door Bretagne twee uur. Er zijn verbindingen met de badplaatsen aan de kust, zoals St-Malo in het noorden en La Baule, Le Croisic en Quiberon in het zuiden.

Bussen

Lijnbussen onderhouden verbindingen met verafgelegen delen van Bretagne. Bij de planning moet men erop letten dat de bussen in het weekend minder vaak rijden dan door de week. In afgelegen dorpen rijdt de bus slechts enkele keren per dag. De busterminals, «gares routières», bevinden zich in de grote plaatsen dichtbij het spoorwegstation.

Boten

Veerboten verbinden de eilanden voor de kust met het vasteland. De verbinding met toeristische plaatsen wordt tijdens het hoogseizoen vrijwel uitsluitend door veerboten onderhouden. Op de meeste veerboten kunnen fietsen worden meegenomen.

Fiets

Voor een fietsvakantie is een sportfiets met ten minste 10 versnellingen aan te bevelen. Speciale fietstassen zijn heel geschikt voor het vervoer met de trein. De bagage moet gelijkmatig over de fiets verdeeld zijn, waarbij men erop moet letten dat het zwaartepunt zo laag mogelijk ligt. Een goede kaarthouder en regencape is onontbeerlijk.
(zie Bretagne van A-Z).

TIP

Waarom zou u niet eens een boottocht naar de Engelse **Kanaaleilanden (Channel Islands)** maken, die vanuit St-Malo regelmatig worden aangedaan? Door de snelle draagvleugelboten duurt de tocht slechts 1-2 uur, afhankelijk van het eiland dat u wilt bezoeken (zie St-Malo).

Veel herenhuizen (manoirs) werden tot hotels verbouwd. Populair zijn de Bretonse landhuizen aan zee die als vakantiewoningen zijn ingericht.

Grote hotels zoals in Zuid-Frankrijk zijn in Bretagne onbekend. Hier overheersen de middenklasse-hotels met een overzichtelijke beddencapaciteit. Tijdens het hoogseizoen moet men daarom wel tijdig boeken. De Franse hotels worden in categorieën onderverdeeld, waarvan de indeling zich uitstrekt tot het luxe vier-sterren-hotel. Het Franse bed behoort tot de standaarduitrusting. Eenpersoonskamers zijn zeldzaam, waardoor het overnachten voor alleenstaanden vrij duur wordt. Voor een reis naar Bretagne met verblijf in een hotel is het raadzaam om de actuele hotel-brochure bij het Franse nationale verkeersbureau (zie Bretagne van A-Z) te bestellen. Het ontbijt (**petit déjeuner**) beperkt zich in Frankrijk meestal tot croissants, baguette, jam en koffie of thee. Het bedrag is niet altijd in de overnachtingsprijs inbegrepen. De hotels beschikken in de regel over een restaurant: dat is de reden waarom tijdens het hoogseizoen in veel plaatsen alleen kamers met halfpension verhuurd worden. Ca. 340 kleine

Wonen in een historische omgeving: het »Châteaubriand« in St-Malo

en middelgrote familiebedrijven in Bretagne hebben zich aangesloten bij de vereniging »Logis de France«. Het geel-groene symbool met de schoorsteen garandeert een prettig verblijf.
Exclusief, maar niet per se duurder zijn de »kasteelhotels« – rustige herenhuizen die de laatste jaren steeds meer tot comfortabele hotels werden verbouwd. Ze liggen meestal enigszins afgelegen tussen het groen, soms bevindt zich in het kasteelpark zelfs een golfbaan. De hotels zijn niet zelden smaakvol ingericht met oude meubels.
In de **hotelbrochure**, die men bij het Franse nationale verkeersbureau (zie Bretagne van A-Z) kan aanvragen, zijn de actuele prijzen, telefoonnummers en seizoentijden van de hotels aangegeven.

Vakantiehuizen

Ondanks het grote aanbod van Gîtes de France moet men voor een verblijf in juli en augustus al maanden van tevoren reserveren. De prijzen variëren niet alleen wat betreft de grootte en de inrichting, maar ze zijn uiteraard ook afhankelijk van het aantal huurweken, dat betekent zeer hoge prijzen tijdens het hoogseizoen. Vakantiehuizen worden per week verhuurd, de prijzen worden dus ook per week berekend, ongeacht of ze half of volledig bezet zijn. In de desbetreffende vakantiehuisbrochures worden de objecten met foto's en een korte tekst afgebeeld.

Particulier kamerverhuur

Het aanbod van «Chambres d'hôtes» neemt toe. Het zijn kamers in particuliere huizen waar men soms ook over een kookgelegenheid kan beschikken. De prijs van deze kamers ligt op het niveau van eenvoudige hotelkamers. Adressen worden verstrekt door de plaatselijke toeristenbureaus of in «Guide des chambres d'hôtes», te koop in de boekhandel.

TIP

Onder het begrip **Château-Camping** vindt men campings die op het terrein van een voormalig kasteel werden ingericht. Vaak liggen ze een beetje afgelegen en vervangt het zwembad de zee. De lijst Castels & Camping Caravaning kan men bij het Franse nationale verkeersbureau (zie Bretagne van A tot Z) aanvragen.

Camping

De campings variëren van »Camping à la ferme« tot en met luxe vier-sterren-campings met zwembad, supermarkt enz. Tijdens het hoogseizoen kan het soms moeilijk zijn om een plaatsje te vinden, maar men kan niet overal reserveren. Meestal goed en niet altijd overvol is de «Camping Municipal». Op sommige campings worden «mobilhomes» verhuurd die volledig zijn ingericht. Onmisbaar is de campingbrochure waarin alle campings met telefoonnummers, afmetingen, inrichting en openingstijden zijn vermeld. Te bestellen bij het Franse nationale verkeersbureau (zie Bretagne van A tot Z).

Jeugdherbergen

In een »Auberge de Jeunesse« kan men in Bretagne goedkoop de vakantie doorbrengen. Ontbijt en kookgelegenheid zijn gangbaar. In veel jeugdherbergen worden o.a. fietsen, boten en surfplanken verhuurd. Een actuele adressenlijst kan men bij de **FUAJ** (Fédération Unie des Auberges de Jeunesse), 27, Rue Pajol, 75018 Paris, tel. 46070001, aanvragen. Een lidmaatschap bij de Internationale Jeugdherbergfederatie is altijd vereist.

Hotels zijn bij de afzonderlijke plaatsen in het hoofdstuk »Bezienswaardigheden en uitstapjes« beschreven.

Prijsklassen

Luxe klasse: vanaf 1100 FF
Hoge prijsklasse: vanaf 600 FF
Gemiddelde prijsklasse: vanaf 320 FF
Laagste prijsklasse: vanaf 110 FF

Vier-sterren-camping «Le Ranolien» aan de Côte de Granit Rose

Oesters, jakobsschelpen, langoesten, garnalen, kreeften of zeespinnen: u kunt genieten van de volle «plateaux de fruits de mer».

Omdat de **restaurants** in Bretagne vaak kleine familiebedrijven zijn, is het raadzaam om tijdens het hoogseizoen een tafel te reserveren. Het komt zelden voor dat de warme keuken doorlopend geopend is. Het déjeuner wordt tussen 12.00 en 14.00 uur geserveerd. In grote steden zijn sommige restaurants op hun vaste gasten van de omliggende kantoren en winkels ingesteld en bieden daarom een goedkope lunch aan. Tussen 18.00 en 19.00 uur worden de tafels voor het dîner gedekt dat tot ca. 22.00 uur wordt geserveerd. Daarna wordt het moeilijk om nog een warme maaltijd te krijgen. Menu's zijn over het algemeen goedkoper dan de bestelling «à la carte».

Crêpes – een echte specialiteit

In het land van de **galettes** wordt overal deze crêpesvariant van boekweitmeel aangeboden. Ze worden hartig met ham, ei of kaas gevuld. «Galette complète» heet de versie met alle drie

De delicatessen van de zee staan bijna overal bovenaan op de menukaart

de ingrediënten. Het lekkerste zijn ze van een van de wagens op de markt waar ze als snack heel vers worden bereid. Het aanbod van de crêpes varieert van de goedkope «crêpe au sucre» tot en met de reusachtige portie met ijs en slagroom. Veel crêperieën bieden een volwaardig crêpe-menu aan, dat varieert van voorgerecht via een voedzame galette tot en met een crêpe als nagerecht. En wat drinkt de Bretoen daarbij? Natuurlijk **cidre** (appelwijn), die als «doux», dus zoet, en in de wat drogere variant als «brut» wordt geserveerd. Als «sec» of «demi-sec» wordt hij bij gekruide gerechten gedronken.

Wat de zee biedt, komt vers op tafel

Vis en **zeedieren** geven in de Bretonse keuken de toon aan. Het centrum van de oesterteelt ligt in Cancale aan de noordkust. In de ondiepe baai worden de beroemde «huîtres plates» geteeld, die evenals de gewone «huîtres creuses» direct voor de oesterbank geproefd kunnen worden. Oesters worden meestal rauw met een beetje citroensap gegeten – bon appétit! De «coquille St-Jacques», ter grootte van een hand, die door de Jacobus-pelgrims beroemd werd, wordt vaak als voorgerecht aangeboden. Een Bretonse specialiteit is de **Cotriade**, een soort bouillabaisse waarin verschillende soorten vissen gekookt worden. De «soupe de poisson» (vis-

Crêpes – zoet of voedzaam, altijd lekker

soep) wordt met geroosterde stukjes brood en de pittige sauce rouille geserveerd. De droge **Gros Plant**, een witte wijn uit de streek rondom Nantes, past heel goed bij vis. Tot slot, of ook tussendoor, wordt een **Calvados** gedronken om ruimte te maken voor de volgende gang.

Vlees en worst in veel variëteiten

Als «prés salée» worden, vooral in de restaurants rondom de Mont St-Michel, de gekruide lamskoteletten geserveerd. Een andere specialiteit is «gigot à la bretonne», een schapebout, geserveerd met witte bonen. Indien er «kig-ha-farz» op het menu staat, moet u niet aarzelen. Het is een gerecht van rund- en varkensvlees, waar groente en boekweit bijhoort. Ook ingewanden worden in Bretagne tot heerlijke gerechten verwerkt. «Andouille» is een pittig gerookte worst van pens, «andouillette» bestaat uit verschillende ingewanden en wordt gebraden gegeten. De boudin smaakt ongeveer als bloed-

worst, die soms met calvados wordt verfijnd.
De meeste Franse **artisjokken** komen uit Noord-Bretagne. Ze worden vaak gekookt als voorgerecht opgediend, maar kunnen ook op de markt worden gekocht. Als hele vrucht geserveerd worden de groene, «vlezige» bladeren één voor één afgebroken en het onderste gedeelte leeggezogen. Zo werkt men langzaam naar de eigenlijke delicatesse toe, het hart van de artisjok.

Lekkernijen uit de banketbakkerij

Het Bretonse **gebak** is erg zwaar en calorierijk. Een «kouign amann» bestaat uit veel boter en enkele lagen deeg. Warm smaakt dit gebak het lekkerste. Een «gâteau Breton» lijkt veel op zandgebak. Zonder deeg, maar met veel melk, eieren en gedroogde pruimen wordt de klassieke «far Breton» bereid. Ook de koekjes bevatten veel boter. In blikken met Bretonse motieven worden de boterkoekjes (palets Bretons) van de firma's Traou Mad en Le Guillou verkocht. «Galettes Bretonnes» heten de dunnere uitvoeringen. De flinterdunne «crêpes dentelles» uit Quimper smelten op de tong.
De **recepten** van de verschillende lekkernijen zijn niet geheim. Ze worden overal als ansichtkaarten verkocht en reeds bij de aanblik gaat men watertanden – veel succes bij het bereiden!

Restaurants zijn bij de afzonderlijke plaatsen in het hoofdstuk «Bezienswaardigheden en uitstapjes» beschreven.

Prijsklassen
Bij de restaurants, met uitzondering van pizzeria's en crêperieën, hebben de prijzen betrekking op menu's zonder drankjes.
Luxe klasse: vanaf 250 FF
Hoge klasse: vanaf 150 FF
Gemiddelde klasse: vanaf 80 FF
Laagste klasse: vanaf 40 FF

TIP

In de **Auberge St-Sauveur** is alles tot in de puntjes verzorgd: de sfeer in het vakwerkhuis uit de 15de eeuw, de smakelijk bereide vis- en vleesgerechten en de vriendelijke bediening. Men vindt het restaurant in de oude binnenstad van Rennes, 6, Rue Saint-Sauveur, tel. 99 79 32 56, gemiddelde/hoge prijsklasse ■ E 3/F 4

De Auberge St-Sauveur: regionale specialiteiten in een stijlvolle omgeving

Kleine woordenlijst

A

abricot: abrikoos
addition: rekening
agneau: lamsvlees
aiglefin: schelvis
aiguillette de canard: eendeborstfilet
ail (á l'ail: knoflook (met knoflook)
alcool: alcohol
alouettes sans tête: runderrolladen
amandes: amandelen
anchois: ansjovis
andouille: varkensworst van ingewanden
andouillette: worstspecialiteit van schoongewassen darmen
anguille: paling
araignée: spinkrab
artichauts: artisjokken
asperge: asperge
assaisonnement: kruiden
assiette: bord
auberge: hotel op het platteland (restaurant)
aubergine: aubergine (diverse vullingen mogelijk)

B

baguette: stokbrood
ballotine: kleine rollade
bambou: bamboe
bar: baars
barbeau (barbillau): barbeel
bargue: zeebot
béchamel: witte roomsaus
beignet: beignet
Bénédictine: likeur van 27 verschillende kruiden
betterave rouge: rode biet
beurre: boter
- d'ail: knoflookboter
bien cuit: doorbakken
bien fait: gerijpte kaas
bière blonde (noire): licht (donker) bier
bifteck: biefstuk
biscotte de veau: beschuit
blanquette: ragoût van kalfsvlees in witte saus
bleu: blauw – bij vlees: heel kort gebakken, van binnen nog bijna rauw, maar warm
blettes, bettes: mangelwortel
boeuf: ossevlees of rundvlees
- gardian: steaks in de stoofpan
boisson: drankje
boudin: bloedworst
- de brochet: snoekballetjes
bouillabaisse: vissoep
bouilli: soepvlees
bouillon de légumes: groentebouillon
boulangerie: bakkerij
boulette: vleesballetjes
bouteille: fles
braisé: gestoofd
brasserie: brouwerij; vooral benaming voor café's met lunch en diner
brème: brasem
brioche: met gist gebakken koekjes (meestal bij het ontbijt)
broche: braadspit
brochet: snoek
brochette: spiesjes
brut: droog (cidre)

C

cabillaud: kabeljauw
cacahuètes: pinda's
cálmar: inktvis
calvados: appeljenever
camomille: kamille
canard: eend
- sauvage: wilde eend
carafe: karaf
carbonade: gegrilld vlees boven houtskool
carotte: wortel
carré d'agneau: lamsrugsteak
carrelet: schol
carte: menukaart
- des vins: wijnkaart
- du jour: dagmenu
casse-croûte: kleine, lichte maaltijd

cassoulet: stamppot van witte bonen met ganzevlees
célerie: selderij
cèpes: eekhoorntjesbrood
cerf: hertevlees
cerfeuil: kervel
cerises: kersen
cervelle: hersenen
chanterelles: cantharellen
chapon: kapoen (gecastreerde haan)
charbonnée: geroosterd vlees
charlotte: zoet dessert met vruchten
chasseur: jager, ook voor jachtsaus
chatteries: snoepgoed, lekkernij
chaud: warm
chèvre: geit, geitekaas
chevreuil: reevlees
choisi: uitgekozen
au choix: naar keuze
chou: kool
chouchenn: honingwijn
choucroute: zuurkool
cidre: cider, soort appelwijn
- bouché: soort champagne, gekurkt
citron pressé: vers uitgeperst citroensap
civet de porc: varkenspeper
colin: stokvis of schelvis
commande: bestelling
compris: inbegrepen
concombre: komkommer
confiserie: suikergoed
coq: haan
coquilles, coquillages: mosselen
- St. Jacques: jakobsschelpen
cornichons: augurkjes in het zuur
côte: ribstuk
- d'agneau: lamskotelet
- de veau: kalfskotelet
cotriade: vissoep, soort bouillabaisse
coup: glas wijn, glas bier
coupe: beker (voor ijs of vruchten)
couisinette: groentesoep
couteau: mes
crabe: krab
crème: room, zoete likeur
crêpe: eierpannekoek
crevettes: garnalen
croissants: croissants
croquant: knapperig
croustade: knapperig pasteitje
crudités: rauwkostsalades
crustacés: schaaldieren
cuire: koken
cuisine: keuken
cuit: gekookt
cuvée: versneden drank, wijnsoort

D

dauphin: gekruide zachte kaas
daurade, dorade: goudbrasem
dégustation gratuite: gratis proeven (wijn proeven)
déjeuner: lunch
demi: half
- sec: halfdroog
denté: tandbrasem
dessert: nagerecht
diabétique: diabeticus
digestif: borrel om de spijsvertering te bevorderen
dinde: kalkoen
dindon: kalkoen, kalkoense haan
doux, douce: zoet
dur: hard, taai

E

eau: water
- gazeuse: spuitwater
- naturelle: natuurlijk mineraalwater (zonder koolzuur)
- minérale: mineraalwater
- (non) potable: water (niet) om te drinken
- de vie: brandewijn (sterke drank)
échalote: sjalotje
écrevisses: kreeften
endives: andijvie
entier, entière: heel, onverdeeld
entrecôte: tussenribstuk
entrée: voorgerecht
entremets: tussengerechten
épaule d'agneau: lamsschouder
épicerie: delicatessenwinkel, levensmiddelenwinkel
épinards: spinazie
escalope: schnitzel

F

faisan: fazant
fallette: gevulde kalfsborst
farce, farci: vulling, gevuld
farcies: gevuld
Far-Breton: taartspecialiteit met pruimen
faux-filet: lendestuk van het rund
feu: vuur
ficelle: zeer dun lang wittebrood
fin: fijn
flambé: geflambeerd
flan: pudding
flet: bot (vis)
flétan: heilbot
foie: lever
- *gras:* ganzelever
à la forestière: op boswachters- of jagerswijze
fourchette: vork
au four: in de oven gebakken
fourré: gevuld
frais, fraîche: vers
framboise: framboos
fricot: ragoût
fritton: in vet gekookt vlees
froid, froide: koud
fromage: kaas
fruité: fruitig
fruits: vruchten, fruit
fumé: gerookt

G

galettes: hartige crêpes van boekweitdeeg
gambas: garnalen, krabben
garçon: kelner, ober
garniture: bijgerecht
gâteau: taart
- *Breton:* lijkt een beetje op boterkoekjes
en gelée: gegeleerd
gibier: wild
gigot: bout
girolles: cantharellen
glace: ijs
glaçon: ijsblokje
goulache: goelasj
goutte: druppel
graisse d'oie: ganzevet
à la grand-mère: op grootmoeders wijze bereid
gratin: soufflé, gegratineerd
grenouille: kikker
grillades: gegrillde gerechten
grillé: gegrilld
Gros-Plant: droge witte wijn

H

hachis: gehakt vlees, hachee
hareng mariné: ingelegde haring
haricots verts: sperziebonen
herbes de Provence: kruiden uit de Provence
homard: zeekreeft
hors-d'oeuvre: voorgerecht
hors saison: buiten het seizoen
huile: olie
huîtres: oesters

J

jambon: ham
jambonneau: varkenspootje
jarret: schenkel
jaune d'oeuf: eierdooier
jus: sap

K

Kouign-Amann: Bretonse botertaart

L

lait: melk (*lait entier:* volle melk)
langouste: langoest
- *à l'armoricaine:* langoest met pittige tomaten-knoflooksaus
langue de boeuf: ossetong
lapin: konijn
laurier: laurier
légumes: groente
lentilles: linzen
libre-service: zelfbediening
lieu: koolvis
lièvre: haas
longe: lendestuk

lotte de mer: zeeduivel
loup de mer: zeewolf
lourd: zwaar (verteerbaar)

M

macaron: makaron, bitterkoekje
macaronade: macaroni, gegratineerd
macédoine de fruits: vruchtensalade
macéré: ingelegd
mâche: veldsla
madeleines: mosselvormig zandgebak
maigre: mager
maquereau: makreel
marcassin: jong wild zwijn
marquise: wijn met spuitwater
marron: tamme kastanje
matière grasse: vetgehalte
mêlé: gemengd
menthe: pepermunt
- verte: pepermuntlikeur
miel: honing
millet: gierst
mis en bouteille: flessevulling (aanduiding van herkomst)
mollet: mals, zacht
morue: kabeljauw
moules: mosselen
moulin à poivre: pepermolen
mousseux: schuimend
moutarde: mosterd
mouton: schapevlees
Muscadet: witte wijn uit het gebied rondom Nantes

N

noisette: hazelnoot
noix: walnoot
note: rekening
nouilles: noedels, vermicelli

O

oeuf: ei
oie: gans
oignons: uien

Heerlijk bij crêpes: cider

os: bot
ouvre-bouteille: flesopener

P

pain: brood
- russe: bruinbrood
palourde: venusschelp
panaché: vermengd; bier met limonade
à la parisienne: op Parijse wijze
pâte: deeg
pâté: pastei
pâtisserie: banketbakkerij
paupiette: rollade
peau: huid, schil
pêche: perzik
perche: baars
perdreau: jonge patrijs
perdrix commune: patrijs
persil: peterselie
petit déjeuner: ontbijt
- gâteau: theekoekjes
petite marmite: klein bordje soep
petits-fours: biscuittaartjes
petitoignons: pareluitjes

- pois: erwtjes
pièce: stukje
pieds de cochon: varkenspootjes
pieuvre: kraak, achtarmige inktvis
pigeon: duif
pigeonneau en terrine: duifje in het eigen vet
piment doux: paprika of peper (vrucht)
pincée: snuifje
pintadeau: parelhoen
piochon: groene kool, boerenkool
piquant: pikant, pittig
pissenlit: paardebloem, molsla
plat: gerecht, menu
- du jour: dagmenu
plateau de fromage: kaasplateau (als nagerecht)
plie: pladijs
poêlé: in de pan gebakken
à point: gaar
poire: peer (ook perenjenever)
poiré: peresap
poireau: prei
poirée: mangelwortel
pois chiches: grauwe erwtjes
poisson: vis *(poisson de rivière:* riviervis*)*
poitrine: borst
poivrade: pepersaus
pomme: appel
Pommeau: aperitief van appelsap en calvados
Pomelle: appellikeur
pommes de terre: aardappelen
pompe: vruchtentaart
porc: varkensvlees
porcelet: speenvarken
portugaise: langwerpige oester
port: pan
potage: soep
potée: stamppot
poularde: vetgemeste kip
poule-au-pot: gevulde kip in de pan
poulet: braadkip
poulpe: inktvis
pourboire: fooi
poussin: kuiken, jong haantje
praire: venusmossel
pressé: uitgeperst
à la pression: bier van het vat
prêt: klaar, gereed, opgediend
primeurs: vroeg fruit en vroege groente
pruneau: bak- of gedroogde pruim
pulpe: brij, vruchtvlees

Q

quart: een kwart (125 gram)
quartier: kwart, stuk
quenelles: balletjes, rolletjes
queue: staart

R

radis: rammenas, radijs
rafraîchis: verzamelnaam voor frisdranken
raie: rog
raisins: wijndruiven
rapé: geraspt
raskasse: drakekop (zeevis)
réchauffer: opwarmen
recommandé: aanbevolen, aanbevelenswaardig
relais: hotel op het platteland
revenir: aanbraden
rillettes d'oie: ganzepastei
rissoler: bruin braden
riz au beurre: boterrijst
rocambole: pareluitje
rognons: niertjes
romarin: rozemarijn
ronde de fromage: kaasplateau
rosbif: rosbief, geroosterd vlees
rôti: braadvlees, gebraden
rouille: pittige saus bij vissoep
routier: restaurant

S

sablé: zandgebak
saignant: bloederig, kort gebakken, rood (vlees)
salade: salade
salé: gezouten
salle-à-manger: eetzaal
sandre: snoekbaars
sandwich-(au fromage): belegd

brood (met kaas)
sanglier: wild zwijn
sanguette: bloedworst
sardines à l'huile: sardine in blik
saucisson: snijworst of kookworst
sauge: salie
saumon: zalm
sauté: gestoofd
seiche: inktvis
sel: zout
semoule: griesmeel, griesmeelpap
selle d'agneau: lamsrug
service (non) compris: bediening (niet) inbegrepen
servir: bedienen, opdienen
sirop: vruchtensiroop om te verdunnen
sirops: verzamelnaam voor alcoholvrije dranken
sole: zeetong
sorbet aux fruits: vruchtensorbet
soubise: uienpuree
soufflé: omelet, eiersoufflé
soupe: soep
- *de poisson:* vissoep
souper: avondmaal
steak au poivre: pepersteak
sucre: suiker *(sucré:* gezoet*)*

T

tanche: zeelt
tarte: vruchtentaart
- *tatin:* warme perentaart
tartelette: taartje, gebakje
tasse à café: kop koffie
tendre: mals, zacht
terrine: schaal, schotel
terrine maison: potpastei volgens recept van het huis
thé: thee
thon: tonijn
thym: tijm
tournedos: lendestukjes
tourteau: noordzeekrab
train de côte: ribbetjes
tranche: schijfjes, plakjes
tripes: ingewanden
truffes: truffels
truite: forel
- *de lac:* meerforel, zalmforel
- *de rivière:* rivierforel
- *fumée:* gerookte forel
turbot: tarbot

V

vachard: gesneden kaas van koemelk
varech: zeewier
venus: venusmossel
verdurette: kruidenazijn
veau: kalf, kalfsvlees
venaison: wild
vermicelle: vermicelli
vermouth: vermout
vernis: grote vlezige venusmossel
verre: (drink-)glas
viande(s): vlees
vin de l'année: jonge wijn (meteen na de oogst)
- *blanc:* witte wijn
- *rouge:* rode wijn
- *fin:* zeer goede wijn
- *mousseux:* mousserende wijn
- *nouveau:* jonge wijn, most
- *de pays:* landwijn
- *du pays:* wijn van de betreffende landstreek
- *de table:* tafelwijn
- *vieux:* (oude) wijn in het beste rijpingsstadium
vinaigre: azijn
volaille: gevogelte

Y

yaourt: yoghurt

Z

zingara (à la): op zigeunerwijze

Kunsthandwerk heeft in Bretagne een lange traditie en komt in veel plaatsen opnieuw tot leven. Wie zoekt, vindt echte oude spullen.

Tot de bekendste souvenirs uit Bretagne behoren **lederwaren** uit Dinan, **weefsels** en **houtsnijwerk** uit Locronan en met de hand vervaardigde kanten kleedjes uit verschillende plaatsen. Sinds meer dan driehonderd jaar wordt de **faïencekunst** van generatie op generatie doorgegeven. De eerste invloeden kwamen uit Zuid-Frankrijk, sinds de 19de eeuw heeft de Bretonse stijl »à la touche« universele betekenis en wordt naar veel landen geëxporteerd. De firma HB-Henriot in Quimper bijvoorbeeld blijft vasthouden aan het dure handwerk. Behalve de faïences uit Quimper bieden de speciaalzaken ook produkten uit Pornic en Mongolfier te koop aan.

TOPTEN 8

Brocante is het trefwoord voor liefhebbers van antieke stukken. Vlooienmarkten waar men wel eens een koopje kan halen, worden in de zomer overal in Bretagne gehouden.

Professionele antiekhandelaren vindt men in bijna alle grote plaatsen. Als souvenir hoeft het ook niet meteen het typisch

Madame tooit zich met de met de hand vervaardigde kanten muts

Bretonse »lit clos« – een kunstzinnig versierd kastbed – te zijn. Het is gewoon leuk om in de antiekwinkels rond te kijken, en als men eenmaal gecharmeerd is door een voorwerp, dan speelt de prijs meestal slechts een ondergeschikte rol.

Culinaire souvenirs blijven thuis maar beperkt goed. Een paar flessen »cidre à la ferme« bijvoorbeeld, of de Bretonse boterkoekjes in blikken dozen met de klassieke motieven van Paul Gauguin, zijn heel lekker en kunnen best enige tijd bewaard worden. Het vervoer van langoesten, oesters en soortgelijke delicatessen is een stuk moeilijker.

In het zuiden van Bretagne, waar cider geproduceerd wordt, rijpt ook de sterke calvados in eiken vaten. In de meeste bedrijven kan men proeven vooraleer men tot de koop overgaat.

Als men eenmaal een nacht op een »Fest Noz« heeft gedanst, dan begint de zoektocht naar **muziekcassettes** of CD's met de typische klanken van biniou (de Bretonse doedelzak) en bombarde (een soort hobo). Niet elke muziekwinkel heeft deze Keltische muziek, die door Alan Stivell in de hitlijsten terechtkwam. Soms komt men ze in souvenirwinkels tegen.

Bretagne op **schilderij**, ook dat is te koop. De meeste galerijen zijn geconcentreerd in het »schildersstadje« **Pont Aven**. Als u niet genoeg zakgeld heeft voor een echte Gauguin, dan kunt u hier terecht voor een goede reproduktie. Minder bekende kunstenaars prijzen overal hun olieverfschilderijen, aquarellen of potloodtekeningen aan. Het is een waar genoegen om over de **weekmarkten** te slenteren: hoog opgestapelde artisjokken, honingkoeken à la maison of plakkerig zoete honingwijn, verschillende soorten schaaldieren naast kruidig geurende kaaskraampjes; en overal hoort men roepen: »dégustation s'il vous plaît« (»proeft u maar«).

Niet zelden treft men op de weekmarkt ook een kraam aan met een groot assortiment Bretonse muziek.

Openingstijden

Er zijn geen vaste regels voor de openingstijden van de winkels, met één uitzondering: de middagpauze is heilig voor de Bretons. Tussen 12.00 en 14.00 of 15.00 uur is bijna elke winkel gesloten, uitgezonderd heel grote supermarkten. 's Morgens tussen 08.00 en 09.00 uur worden de rolluiken geopend, veel winkels zijn geopend tot 19.00 of 20.00 uur, supermarkten ook tot 21.00 uur. Maandag is meestal een rustdag; op zaterdag daarentegen kan men ook 's middags nog boodschappen doen. De Fransman kan zijn baguette niet missen, daarom is er zelfs in het weekend altijd wel ergens een **boulangerie** geopend.

Wie tijdens de vakantie niet alleen wil zonnebaden, beschut tegen de wind, komt in Bretagne volledig aan zijn trekken.

Met 1200 km kust kan men in Bretagne naar hartelust zwemmen. Het getijdenverschil van 14 meter zorgt elk uur voor een heel andere aanblik. De afwisselende kust biedt in elk jaargetijde veel sportieve mogelijkheden: lange kustwandelingen over de voormalige tolpaden tussen bloeiende gele brem, golfen, zwemmen, met de surfplank over hoge golven glijden, balspelen op het strand of in de »chair à voile« over het plankharde ebstrand flitsen. Bij vloed wordt op bot gevist, bij eb is de tijd aangebroken voor het »pêche à pied«. Zelfs duikers, freeclimbers en deltavliegers kunnen in Bretagne hun hobby uitoefenen. Voor zeilers zijn er goed uitgeruste jachthavens langs de kust, en op de kanalen liggen rivierboten te wachten op de recreatieschippers. Door het achterland kunnen afwisselende fietstochten worden gemaakt of men kan met paard en wagen enkele dagen door het land trekken.

Bij een stevige bries zijn strandzeilers in hun element

Vissen

Aan zee wordt veel gevist. De beste tijd hiervoor is bij laagwater. Bij eb kunnen mosselen worden geraapt (pêche à pied). In de benedenloop van rivieren komt soms ook zalm voor. Geliefde plekjes zijn de sluizen.

Chair à voile

Een wagentje met drie wielen en een zeil waarin de Bretons voornamelijk buiten het toeristenseizoen over de lange zandstranden rijden. Snelheden van zo'n 100 km/h zijn mogelijk – voor degene die het kan! Verhuur b.v. in Quiberon.

Deltavliegen

De 330 m hoge Ménez-Hom in het westen is de enige vliegberg in Bretagne. Rondvluchten in het gemotoriseerd deltavliegtuig ULM worden soms aan de kust aangeboden.

Golf

Golfen is wijdverbreid, de greenfees liggen vaak dicht bij zee of in een voormalig kasteelpark met een comfortabel hotel.

Woonboten

Een zeer populaire vakantievariant zijn de tochten met de woonboot over de 600 km lange waterwegen in Bretagne (Uitstapjes: Met de woonboot: Over kanalen door Bretagne). Het aanbod van huurboten varieert van ponton met caravan via de omgebouwde rivierboten tot en met de klassieke péchettes. Woonboten zijn uitgerust met kookgelegenheid, servies en slaapplaatsen voor de hele bemanning, d.w.z. vier tot tien personen. Fietsen en visuitrusting moeten meestal afzonderlijk gehuurd worden. De boten met hun kleine motoren kunnen in Frankrijk zonder vaarbewijs worden bestuurd. Een **brochure** met alle bootverhuurbedrijven en de noodzakelijke informatie kan men aanvragen bij het

Comité Regional de Tourisme
47b, Rue de Paris
Rennes
Tel. 99 28 44 40, fax 99 28 44 40

Klimmen

De klimgebieden beperken zich tot de steile rotsen aan de Pointe de Penhir helemaal in het westen, maar hier is het dan ook zeer onherbergzaam.

Fietsen

Vanaf de kust kunnen veel mooie fietstochten in de omgeving worden gemaakt. Maar wie denkt dat Bretagne vlak is, zal al gauw teleurgesteld worden. Een stevige fiets met ten minste 10 versnellingen is onontbeerlijk. Wie zijn eigen fiets niet meebrengt, kan in elke badplaats een »vélo« huren. De spoorwegmaatschappij SNCF biedt op verschillende stations de service »train et vélo« aan. Er wordt onderscheid gemaakt tussen **vélo tout terrain** (VTT) = mountainbikes, **randonneur** = racefiets en **vélo traditionnel**.

Paardrijden

De manèges (Centres Equestres) bieden in de zomer lessen en dagritten voor vakantiegangers aan. De op een na grootste stoeterij van Frankrijk kan in Lamballe worden bezocht.

Zeilen

Kleine catamarans en zeiljollen worden op bijna elk badstrand verhuurd. Voor langere tochten met een zeil- of motorjacht biedt het Kanaal uitstekende mogelijkheden, de voor de kust van Bretagne gelegen **Channel Islands** zijn zeer populair. Door de grote getijdenverschillen moeten de sluistijden in de haven in acht worden genomen.

Strandsurfen

Bij eb op de harde uitgestrekte stranden een populaire sport. Als plank dient een board met ballonwielen. Verhuur b.v. op het schiereiland Quiberon.

Surfen

De Bretonse kust is een eldorado voor windsurfers, zowel voor beginnelingen als voor brandingssurfers, want het komt zelden voor dat het hier windstil is. Ideale brandingsstranden vindt men aan de noord- en zuidkust; langs het schiereiland **Quiberon** zijn zowel brandingsstranden alsook tegen golven beschutte stroken. De meeste stranden zijn toegankelijk met de auto, desondanks kan op sommige plaatsen een transportwagentje erg handig zijn. De gunstigste wind om te surfen treft men hier in mei en juni aan, een droogsurfpak is dan aan te bevelen.
Surfplankenverhuur, reserveonderdelen en surfschool in elke badplaats.

Duiken

Op de druk bevaren scheepsroute in het westen liggen waarschijnlijk veel scheepswrakken. Een afwisselende flora en fauna treft de duiker aan voor de rotsachtige **Côte de Granit Rose** of de **Iles de Glénan** in het zuiden. Harpoeneren is alleen zonder zuurstofflessen toegestaan. De vangstquota zijn sterk gereglementeerd, de professionele vangst is verboden. Buitenlanders moeten van tevoren contact opnemen met de havenautoriteiten. Duikbases vindt men in elke grote kustplaats.

Tennis

In elke badplaats vindt men tennisbanen. Bij campings of hotels kan men een baan per uur huren. Tijdens het seizoen grote toeloop, tijdig reserveren.

TIP

In de paardewagen zoals in vroeger tijden gezellig door bossen en over landweggetjes – een jeugddroom die in Bretagne werkelijkheid kan worden. De wagens zijn met kookgelegenheid en slaapplaatsen ingericht, het voer voor het paard is aanwezig. Het mennen van het meestal goedmoedige trekdier is niet zo moeilijk, want »huu-hoo« en »brrr« is internationaal. Verhuur: Roulettes de Bretagne, 29218 Huelgoat, Gare de Locmaria-Berrien, tel. 98 99 73 28 ■ B 3

Wandelen

In Bretagne vindt men geen hooggebergte, maar wel heel mooie wandelwegen langs de kust. De GR 34 loopt om het schiereiland heen en in de zogenaamde **Gîtes d'étape** wordt overnacht. Het mooiste jaargetijde is de lente, wanneer de brem bloeit. Aan te bevelen is ook het tolpad langs de Côte de Granit Rose of op het Belle-Ile in het zuiden van Bretagne. In het binnenland werden bij **Huelgoat** of in het bos van **Paimpont** heel mooie wandelwegen aangelegd, fraai zijn ook de schaduwrijke jaagpaden langs de kanalen.

Stranden

De verscheidenheid van de stranden varieert van de afgelegen baai tot het bewaakte zandstrand. Aan de woeste westkust zijn er echter ook gebieden waar zwemmen streng verboden is. Met de getijden verandert de oppervlakte van een strand zodanig, dat men bij vloed op veel plaatsen het strand moet verlaten. Door de kentering van de getijden kunnen echter ook sterke stromingen optreden, waartegen zelfs goede zwemmers het moeten afleggen. Als gevolg daarvan verdrinken elk jaar enkele vakantiegangers. De rode vlag op het bewaakte strand betekent gevaar en moet niet genegeerd worden. Als de gele vlag is gehesen, dan zijn de omstandigheden reeds gevaarlijk. Voor de periode van eb bevinden zich op sommige stranden speciale zwembassins. Op de hoofdstranden van de badplaatsen zijn kinderclubs waar geschoold personeel toezicht houdt op de kleintjes. Top-less zonnebaden is niet vanzelfsprekend, nudisme aan de stranden is bijna overal verboden.

St-Malo ■ E 2
Ten oosten van de stad bevinden zich een aantal mooie zandstranden, van de ronde strandbaai tot een lengte van drie km.

St-Cast-le-Guildo ■ E 2
Zeven mooie zandstranden, waarvan enkele met animatie en kinderclub.

Côte de Granit Rose ■ C 2
Met rozekleurige rotsen en een tiental fantastische zandstranden behoort deze kuststrook tot de meest aantrekkelijke strandgebieden van Noord-Bretagne.

Beg-Meil ■ B 4
De kleine badplaats aan de zuidkust heeft 15 stranden met een totale lengte van 17 km. Wit zand, zacht glooiende duinen en daartussen een kristalheldere rotskust.

Quiberon ■ C 5
Een woeste rotskust, zeer uitgestrekte zandstranden en kleine baaien onderscheiden het schiereiland aan de zuidkust. Afhankelijk van de windrichting kan men kiezen uit een brandingszijde en kalme zee.

Belle-Ile ■ C 5/C 6
Vijf km lang badstrand aan de Grands Sables, langs de tegen wind beschutte noordoostzijde van het eiland.

La Baule ■ D 6
Een werkelijk unieke badplaats in het zuidoosten van Bretagne. Bij de baai bevindt zich een 12 km lang zandstrand.

Morgat ■ A 3
De beschutte baai met fijn zand is een uitzondering aan de westkust, die elders erg woest is.

Traditionele feesten, jazz, rock of klassiek: het aanbod is groot. Op een zomerse "Fest-noz" leer je de Bretons snel kennen.

Al na een vluchtige blik op de feestkalender is het duidelijk: Bretons feesten graag. Elke gelegenheid grijpen zij gretig aan om de bloemetjes buiten te zetten. Meestal worden die feesten georganiseerd rond een heilige of rond (om het even welk genre) muziek. Omdat het aanbod zo groot is, hebben wij twee evenementen uitgekozen die u absoluut niet mag missen.

De **pardons**, processies ter ere van alle mogelijke heiligen, zijn nauwelijks te tellen. Veel Bretons nemen in hun traditionele klederdrachten deel aan de pardons. De eerste pardons beginnen reeds op pinksterzondag, b.v. de pardon van Moncontour met lichtprocessie. Op de derde zondag in mei ontmoeten juristen uit de hele wereld elkaar in Tréguier om hun beschermheilige St.-Yves te danken. Op de tweede zondag in juli wordt in Locronan een van de belangrijkste processies in Bretagne gehouden. Zowel voor de "Petite Troménie" alsook voor de "Grande Troménie" (om de zes jaar) komen duizenden pelgrims en toeschouwers naar het middeleeuwse dorp. In de tweede helft in juli vindt de grootste processie van Bretagne in Ste-Anne d'Auray plaats. Deze wordt ingeluid met de grote lichtprocessie op de avond van 25 juli, de volgende ochtend begint dan de grote **Ste-Anne-processie**.

Feestkalenders met vermelding van pardons zijn verkrijgbaar bij de plaatselijke toeristenbureaus of informatiekantoren

Het **Festival Interceltique de Lorient** vindt plaats in de tweede week van augustus. Het is het evenement van de Keltische muziek. Bretonse groepen worden afgewisseld door hun collega's uit Schotland, Ierland, Wales, Cornwall, Galicië en andere delen van Europa.

Alle informatie en het volledige programma van de festiviteiten kunt u verkrijgen bij:

Festival Interceltique de Lorient
2, Rue Paul-Bert
56100 Lorient
Tel. 97 21 24 29
Fax 97 64 34 13

De poort naar Bretagne: de charme van de stad wordt niet bepaald door de zee of de stranden, maar door kunst, cultuur en veel contrasten.

Rennes wordt steeds groter. Wat betreft de communicatie-elektronica is de grootste stad van Bretagne met 200000 inwoners inmiddels toonaangevend. In essentie is Rennes de »oude« gebleven: fotogenieke vakwerkhuizen verfraaien de smalle straatjes in de binnenstad rondom de kerk, vlak daarnaast bevinden zich de schitterende paleizen uit voorbije eeuwen.

Rennes is enerzijds een administratief centrum van de regio Bretagne met een in 1735 gestichte universiteit, maar ook het culturele middelpunt in het westen van Frankrijk. Behalve de vaste voorzieningen zoals theaters, symfonieorkesten en musea worden elk jaar verschillende kunsttentoonstellingen en muziekfestivals georganiseerd. 30 000 studenten verlevendigen de sfeer van de stad.

Alle heersers van Bretagne werden in de kathedraal gekroond, zo ook hertogin Anne. Haar huwelijk met Karel VIII in 1491 zorgde er weliswaar voor dat de belegerde stad niet door de troepen van de Franse koning werd ingenomen, maar bereidde ook de vereniging van Bretagne met Frankrijk voor, die in 1532 werd bezegeld. Door de grote brand in december 1720 gingen grote delen van de oude binnenstad in vlammen op. Onder de Parijse architect Gabriel werd korte tijd later met de wederopbouw begonnen. Monumentale stenen gebouwen getuigen daar nog steeds van.

In de oude binnenstad van Rennes

Hotels en andere logies

Altea
Groot, comfortabel, door de ligging in een zijstraat betrekkelijk rustig.
1, Rue du Capitaine Maignan
Tel. 99 29 73 73
140 kamers
Gemiddelde prijsklasse

Anne de Bretagne
Tegenover het station, niet alle kamers zijn rustig.
12, Rue Tronjolly
Tel. 99 31 49 49
42 kamers
Gemiddelde prijsklasse

Garden
Centrale ligging, kamers met smal terras of balkon.
3, Rue Duhamel/hoek Av. Janvier
Tel. 99 65 45 06
24 kamers
Laagste prijsklasse

Germinal
5 km buiten de binnenstad, aangename sfeer, terras.
9, Cours de la Vilaine
Tel. 99 83 11 01
51 kamers
Laagste prijsklasse

Lanjuinais
Moderne kamers met badkamer.
11, Rue Lanjuinais
Tel. 99 79 02 03
33 kamers
Laagste prijsklasse

Camping Municipal des Gayeulles
Heel mooi gelegen camping, grasveld, rustig.
Rue du Professeur M. Audin (Parc des Bois)
Tel. 99 36 92 22
100 staanplaatsen
Geopend april-eind sept.

Wandeling

Vertrekpunt voor een wandeling is het paviljoen van het toeristenbureau. Hier neemt men de **Rue de l'Horloge** en slaat bij de eerste dwarsstraat linksaf de **Rue du Chapitre** in. Het fraaie snijwerk aan de gevels is vooral duidelijk te zien aan het hoekhuis nr. 22. Voorbij het koor van de kathedraal St-Pierre komt men in de **Rue St-Guillaume** bij het mooiste vakwerkhuis van de stad – het huidige restaurant Ti Koz met zijn beeldenversiering aan de gevel. Het huis op nr. 6 in de **Rue St-Sauveur** stamt uit de 16de eeuw. Bij de kerk St-Sauveur links afslaan in noordelijke richting tot de straat bij de drukke **Place St-Michel** uitkomt; de gestreepte vakwerkconstructies weerspiegelen de middeleeuwse atmosfeer. In de directe nabijheid bevindt zich de **Place des Lices** met de beide markthallen uit de 19de eeuw. Vermoedelijk vond hier in de middeleeuwen het legendarische toernooi plaats, waar ridder Bertrand du Guesclin (zie Dinan) vermaardheid verwierf. Via de **Rue St-Michel** naar de **Place Ste-Anne**. De aanblik van het plein wordt door de aangrenzende kerk **St-Aubin** en de vakwerkhuizen gedomineerd, die in het straatje **Rue de Pt-à-Foulons** doorlopen. Aan het eind bereikt men de brede **Rue Le Bastard Estrées**. De wandeling voert via de voetgangerszone naar de classicistische stadswijk die na de grote brand van 1720 ontstond. De Rue Le Bastard Estrées komt uit op de **Place de la Mairie** met het stadhuis aan de rechterkant en – als een architectonische tegenhanger – het theater aan de linkerkant. Meteen links leidt de **Rue de Brilhac** naar de **Place du Parlement de Bretagne** met

Het Palais de Justice in Rennes

gebouwen uit de 18de eeuw, in het noorden begrensd door het paleis van justitie. Van hieruit splitst zich de **Rue St-Georges** die tot de mooiste straten van de stad behoort. Aan het eind links bereikt men via de **Rue Gambetta** de ingang van de Jardin des Plantes, rechtsaf komt men op de **Quai Emile Zola** bij het Musée de Bretagne et Beaux Arts.

Bezienswaardigheden

Cathédrale St-Pierre

Het classicistische gebouw stamt met uitzondering van de beide markante torens uit de vorige eeuw. De stadsbrand had de kathedraal bijna geheel verwoest. Het vergulde gebeeldhouwde altaar in de rijk versierde kerk is heel bijzonder (zijkapel).

Hôtel de Ville en Théâtre

Twee mooie gebouwen aan de Place de la Mairie. Het »Hôtel de Ville« met de klokketoren werd tussen 1734-43 gebouwd. Het neoklassieke theater ertegenover is ca. honderd jaar oud.

Jardin des Plantes (Jardin du Thabor)

Het park in Franse stijl behoorde vroeger toe aan het klooster St-Melaine. Het complex aan de rand van de oude binnenstad heeft een rozentuin en een volière.

Palais de Justice

Het vooruitspringende paleis van justitie ontstond in de 17de eeuw ten tijde van zonnekoning Louis XIV, wat blijkt uit de rijke inrichting: vergulde plafonds, prachtige houten lambrizeringen, magnifiek stucwerk, gebeeldhouwde loges en grote schilderijen. De wandkleden uit de 20ste eeuw in de Grand-Chambre du Parlement tonen o.a. het huwelijk van koningin Anne de Bretagne met de Franse koning Karel VIII.

Het renaissance-paleis werd gefinancierd door de architect Salomon Brosse door een speciale belasting op alcohol – men moet destijds veel hebben gedronken...

Pl. du Palais

Bezichtigingen met gids enkele keren per dag behalve di.

TIP

Twee highlights onder één dak: in het **Musée de Bretagne**, het grootste museum van Bretonse cultuur, krijgt men uitvoerige informatie over de geschiedenis. Klederdrachten, gebruiksvoorwerpen en meubels. De dia-geluid-show verschaft achtergrondinformatie. De eerste verdieping van het voormalige universiteitsgebouw is voorbehouden aan de kunst. De omvangrijke verzameling van het **Musée des Beaux Arts** bevat schilderijen vanaf de 14de eeuw. Er bestaat grote belangstelling voor de schilderijen uit de 19de eeuw door de »School van Pont-Aven« met werken van Paul Gauguin, Emile Bernard e.a. Faïenceverzameling. 20, Quai Emile Zola, dagelijks behalve di en vr 10.00-12.00 uur, 14.00-18.00 uur

Museum

Ecomusée de la Bintinais
Hoe cider geproduceerd wordt, hoe een Bretonse boerderij honderden jaren geleden was ingericht, hoeveel werk er vroeger in de landbouw verzet moest worden, al deze dingen kan men zien op het voormalige landgoed van Bintinais.
In het zuiden van de stad
Rt. de Châtillon-sur-Seiche
Dagelijks behalve di 14.00-19.00 uur, van 1/4 tot 15/10

Musée de Bretagne
Zie tip p. 36

Eten en drinken

Auberge St-Sauveur
(zie TIP blz. 18)

Le Chambord
Diner bij kaarslicht en kanten tafellakens.
4, Av. Janvier - Tel. 99 30 09 20
Gemiddelde prijsklasse

Le Corsaire
Van »foie de canard« tot en met zeevruchten wordt hier alles geserveerd wat het hartje begeert.
52, Rue d'Antrain - Tel. 99 36 33 69
Hoge prijsklasse

Crêperie St-Michel
Galettes of crêpes tegen een historische achtergrond geserveerd.
7, Pl. St-Michel - Tel. 99 79 10 85
Laagste prijsklasse

Le Palais
Het adres in Rennes, uitstekende keuken met verse ingrediënten van de markt.
7, Pl. du Parlement de Bretagne
Tel. 99 79 45 01
Hoge prijsklasse

Inkopen

Breizh
In de winkel met de Bretonse naam van Bretagne krijgt men alles wat te maken heeft met de Bretons-Keltische cultuur, vooral boeken, muziekcassettes en CD's.
17, Rue du Penhoët

Comtes du Barry
Precies de goede boetiek voor keukengeschenken.
2, Rue Châteaurenault

Coupel
De beste banketbakkerij van de stad vindt men in de voetgangerszone achter het hoofdpostkantoor. De banketbakkerij is bekend om haar bekroonde »tartes aux pommes«, maar niet alleen die zijn aan te bevelen.
13, Rue Vasselot

Weekmarkt
Elke zaterdag op de Place des Lices.

's Avonds

»On prend un verre?« – (zullen we wat gaan drinken?) Op deze vraag is er maar één antwoord: »Rue St-Michel«! In de korte voetgangerszone staan de plastic stoelen van de kroegen dicht naast elkaar, aan de gevels zakken de vakwerkbalken door.

Service

Office du Tourisme
Pont de Nemours - BP 2533
35000 Rennes
Tel. 99 79 01 98, fax 99 79 31 38

SNCF (station)
Eind van de Av. Jean Janvier
Tel. 99 53 23 23, fax 99 53 82 22

Uitstapjes

Forêt de Paimpont ■ E 4

Het bos waarover veel sagen de ronde doen ligt 35 km ten westen van Rennes aan de N 24. Het bosgebied (Argoat), »het vaderland« van koning Arthur en zijn dappere ridders, strekte zich vroeger uit over het hele binnenland van Bretagne. Hier kan men wandelen in het toverbos van Brocéliande, tussen bomen vol maretak naar de bron of naar het »Dal zonder Terugkeer« . Hier worden mogelijk de verhalen over de fee Viviane, ridder Lancelot en Morgane, die ontrouwe minnaars betoverde, weer tot leven gewekt. Hier hadden de druïden hun offerplaatsen, in de dolmens werden tijdens het megaliettijdperk gedurende vele generaties de doden begraven. Vertrekpunt is het kleine dorpje Paimpont (zie Uitstapjes, Oost-Bretagne).

La Roche-aux-Fées ■ F 4

30 km ten zuidoosten van Rennes bevindt zich het meest indrukwekkende megaliet-bouwwerk van Oost-Bretagne. Het ganggraf (allée couverte) met een lengte van 14 m is bedekt met stenen die meer dan 40 ton wegen. Volgens een oude overlevering vinden geliefden hier het antwoord op de vraag of ze met elkaar in het huwelijk moeten treden. Op voorwaarde dat zij onafhankelijk van elkaar erachter komen hoeveel rotsblokken nodig waren om het graf te bouwen.
Toegangsweg via de D 163 richting Châteaubriand, in Corps Nuit over de D 41, daarna verder naar de dolmen La Roche-aux-Fées. 15 km verderop ligt het 4000 inwoners tellende La Guerche-de-Bretagne met zijn karakteristieke arcaden-huizen aan het marktplein. Op dinsdagmiddag wordt hier de weekmarkt gehouden.

Het Forêt de Paimpont lijkt wel een sprookjesland

Vitré ■ F 3

35 km ten oosten van Rennes bereikt men het modelstadje Vitré. Vitré lag aan de hoofdverbindingsweg naar Parijs, maar werd nooit verwoest. Daardoor is het mooiste middeleeuwse stadje van Bretagne bewaard gebleven. Waar de leermakers vroeger hun werkplaatsen hadden, hebben zich nu kunstnijverheidsbedrijfjes, restaurants en café's gevestigd. Slechts zes kilometer hier vandaan (D 88) had de markiezin de Sévigné haar »landgoed«. In **Rochers-Sévigné** kon zij op verhaal komen van de maatschappelijke verplichtingen in Parijs. Hier schreef zij haar beroemd geworden brieven die het leven aan het hof van koning Louis XIV scherpzinnig weergeven.

De mooiste kustgebieden van Bretagne liggen in het noorden. Door het sterke getijdenverschil liggen de schepen bij eb op het droge.

Vlak voor de toegang naar Bretagne rijst de kloosterberg Mont-St-Michel uit de baai op. Sinds de grensrivier Couesnon een nieuwe weg rondom het rotseiland heeft gezocht, behoort Mont-St-Michel, een populaire bestemming voor dagjestoeristen, tot Normandië. Aan de andere kant van de ondiepe baai ligt Cancale, een klein stadje dat door zijn oesters tot ver buiten de grenzen bekend is. Hier begint de 120 kilometer lange **Smaragdkust** (Côte d'Emeraude). De landtongen steken ver in zee; daartussen liggen beschutte baaien met mooie stranden die door rotsen zijn omgeven.

Geen gebrek aan contrasten

Het landschappelijke hoogtepunt is de Cap Fréhel, die met zijn vogelrotsen tot 70 meter boven de golven uitsteekt. De zee heeft bij St-Malo een getijdenverschil van maximaal 14 meter. Enkele vissersplaatsen zijn in drukbezochte toeristencentra veranderd, maar de kust bleef ondanks haar schoonheid gespaard van hotelconcentraties zoals die in andere streken van Frankrijk wel te vinden zijn. Mooie steden zoals St-Malo of Dinan zijn tot op de dag van vandaag omringd door vestingmuren.

Aan de **Côte de Granit Rose**, waar de brem, de rotsachtige kust en de zee wedijveren om de felste kleuren, laat Bretagne zich van zijn charmantste kant zien. De vakantiegangers weten dat te waarderen en komen in groten getale hierheen. Naast de mooiste zandstranden steken bizarre rotsformaties, die met fantasierijke namen werden gedoopt, uit de zee op. De badplaatsen Perros-Guirec, Tregastel en Trébeurden besluiten de reeks badplaatsen, daarna wordt de noordkust ruwer en de dorpen eenvoudig.

De aangeboden boottochten variëren van tochten naar de eilanden voor de kust, tot en met de Channel-Islands ver in het Kanaal. In de departementale benaming »Côte d'Armor« leeft de oude Keltische naam voor het kustgebied voort. Niet alleen de kust, maar ook het binnenland heeft zijn charme. In het oosten hebben de machtige burchten de woelige eeuwen getrotseerd, daar strekken zich de laatste grote bosgebieden uit die vroeger heel Bretagne bedekten.

Côte de Granit Rose

■ C 2

TOPTEN 5

De charme van deze regio wordt niet bepaald door de dorpen of de bezienswaardigheden, maar door de bijzonder mooie kust met haar mooie zandstranden en de roze glinsterende granieten rotsen. Wie in de lente hierheen komt, wanneer de brem in bloei staat en de grote toeristenstroom nog niet op gang is gekomen, kan hier volop genieten. Hoewel de schilderachtige kust met de welluidende naam zich uitstrekt van Paimpol tot Trébeurden, concentreert het toerisme zich op het uitgerafelde schiereiland in het westen. Om de mooiste rotsformaties wedijveren hier het mondaine Perros-Guirec, Ploumanac'h en Trégastel.

Via de wandelweg «Sentier des douaniers» kan men zowel de ene alsook de andere kuststrook bereiken. Aan de rand, in de ware zin van het woord, ligt het stadje Trébeurden, waar de natuur niet zo overweldigend is als in de naburige plaatsen.

Langs deze kuststrook wordt nog steeds veel zeewier «geoogst».

Een even vreemde aanblik zijn de uitgestrekte artisjokvelden, delicatessen die als vanouds met de hand geplukt worden.

De afstand van de kust naar de unieke calvariebergen en het oudste megalietgraf van Europa – Cairn de Barnenez – bedraagt nog maar een paar kilometer.

De stad Morlaix met haar opvallende spoorwegviaduct en de bijzondere lantaarnhuizen wordt door veel toeristen bezocht.

In miljoenen jaren uitgespoeld: de rotsformaties aan de Côte de Granit Rose

Uitstapjes

Perros-Guirec en Ploumanac'h ■ C 2

De grote trekpleister hier zijn de roze-rode granieten rotsen langs de kust in Ploumanac'h. De vele villa's uit de vorige eeuw tonen aan dat de grootste plaats (8000 inwoners) reeds in de beginperiode van het strandtoerisme zijn vaste gasten had. De badplaats strekt zich uit van de mooie zandstranden tot aan het winkelcentrum in de bovenstad. Van de steile straten heeft men telkens weer een fantastisch uitzicht op zee met het voor de kust gelegen Ile Tomé en de archipel «Les Sept Iles». In de haven hebben de zeilschepen uit de hele wereld de viskotters naar de rand verdrongen.

Hotels en andere logies

Les Feux des Iles
In het gezellige hotel beslist een kamer met uitzicht op de eilanden reserveren. Panoramarestaurant en goede keuken.
53, Bd. Clémenceau
Tel. 96 23 22 94
15 kamers
Gemiddelde prijsklasse

Le Manoir du Sphinx
Drie-sterren-hotel in een villa uit de 19de eeuw. Fantastische ligging met vergezicht vanuit de eetzaal.
67, Chemin de la Messe
Tel. 96 23 25 42
20 kamers
Gemiddelde prijsklasse

Du Parc
Attractief hotel van natuursteen nabij het strand en de roze rotsen van Ploumanac'h.
Parking de Ploumanac'h
Tel. 96 91 40 80
11 kamers
Laagste prijsklasse

Camping Le Ranolien
Vlakbij de roze rotsen heeft de ligging haar prijs. Vier-sterren-camping met kindvriendelijk zwembad. Talrijke huurcaravans. Reservering tijdens het hoogseizoen noodzakelijk.
450 staanplaatsen
Tel. 96 91 43 58
Geopend feb.-nov.

Wandeling

Een kustwandeling van ca. 2 1/2 uur, een van de mooiste in heel Bretagne. Bij zonsopgang of zonsondergang is het aan te bevelen om een extra fotorolletje mee te nemen! In de baai van Ploumanac'h leidt het «Sentier des Douaniers», het tolpad, tussen de onherbergzame rotsen door van de Côte de Granit Rose. De natuur heeft gedurende duizenden jaren ansichtkaartmotieven, zoals het Kasteel van de Duivel of de Hoed van Napoleon helemaal vooraan op de landtong Ar Skevell, uit het graniet gevormd. Tot slot ontwaart men dan, achter de villa bij de vuurtoren het kasteel **Costaérès**, waar de auteur van de bestseller «Quo Vadis», Sienkiewicz, in 1898 logeerde (particulier). Het pad begint boven Plage de Trestraou en bereikt na 5 km de haven van Ploumanac'h. Het mooiste stuk ligt in de omgeving van de vuurtoren. Met kleine toegang van Plage St-Guirec. Tijdens het hoogseizoen vrij druk.

Musea

Maison du Littoral
In het huis bij de vuurtoren kan men informatie inwinnen over het karakteristieke gesteente van de kust en de planten.
Dagelijks tijdens het seizoen 10.00-19.00 uur

Le Musée de cire (wassenbeeldenmuseum)
Napoleon, Renan en andere beroemde Fransen uit de 19de eeuw hebben hier een plaatsje gevonden.
Tegenover de jachthaven
Dagelijks van half juni-half sept.
10.30-12.30 uur en 14.30-19.30 uur

Eten en drinken

Le Manoir du Sphinx
Hier kan men genieten, zowel van het vergezicht vanaf het hotel-restaurant, als van de heerlijke gerechten.
67, chemin de la Messe
Tel. 96 23 25 42
Hoge prijsklasse

Le Printania
Het hotel-restaurant is bekend om zijn goede keuken. Mooi uitzicht op het strand tot de «Sept Iles».
12, Rue des Bons Enfants
Tel. 96 23 21 00
Hoge prijsklasse

St-Guirec de la Plage
Direct aan het strand, de mooiste plek om bij zonsondergang te genieten van de vruchten van de zee.
Plage St-Guirec
Ploumanac'h
Tel. 96 91 40 89
Gemiddelde prijsklasse

's Avonds

Er is geen gebrek aan discotheken en nachtclubs, het **casino** is bijna de hele nacht geopend. In de Jazz Club Melody Blues (Galerie du Linkin) speelt tijdens het seizoen elke avond een live-band.

Kleurrijke vissersboten in de baai van de kleine haven van Trégastel

Service

Office de Tourisme de Perros-Guirec
21, Pl. de l'Hotel de Ville
22700 Perros-Guirec
Tel. 96 23 21 15

Trébeurden ■ C 2

Hoewel de laatste badplaats aan de Côte de Granit Rose nog fantasierijke rotsformaties en over elkaar geschoven granietblokken te bieden heeft, wordt ze enigszins overschaduwd door haar concurrenten. De huizen strekken zich uit van het strand tot bij de oudste stadswijk (Le Bourg) boven op de berghelling. Trébeurden beschikt over uitstekende surfmogelijkheden in de diepe inham van de baai, die een goede beschutting biedt tegen de hoge golven van de Atlantische Oceaan. Hier zijn de omstandigheden zowel voor beginnelingen als voor de vergevorderden geschikt. Op het lange zandstrand «Tresmeur» is er bij vloed nog voldoende ruimte om te zonnebaden en wanneer de zee zich terugtrekt, ontstaat er een grote speelplaats. Bij Plage «Goas-Treiz» steken bij eb kleine eilanden en rotsen uit zee op. Dan is de tijd aangebroken voor de mosselrapers, die op zoek naar deze delicatessen het zand omploegen en elke steen omdraaien.

Hotels en andere logies

Hôtel de la Plage
Zoals de naam al doet vermoeden, heeft men vanuit het familiehotel uitzicht op het strand. Rustige ligging.
14, Rue Lan Kerellec
Tel. 96 23 55 96
18 kamers
Laagste prijsklasse

Ti al Lannec
Eerbiedwaardig, tussen het groen gelegen hotel met tuin en terras.
Allée de Mézo-Guen

Als van een andere planeet: het eerste satellietstation Pleumeur-Boudou

Tel. 96 23 57 26
30 kamers
Gemiddelde/hoge prijsklasse

Camping Armor
Tegen de wind beschutte staanplaatsen, ongeveer een halve kilometer van het strand verwijderd. Open van juni tot september.
Rt. de Pors Mabo
Tel. 96 23 52 31
120 staanplaatsen

Wandeling

Tussen de haven en het badstrand kan men op de landtong «Le Castel» een korte wandeling tussen de rotsblokken maken. Romantisch tijdens de avonduren.

Bezienswaardigheden

Boottocht rond de Sept Iles
De kleine eilanden worden door duizenden zeevogels als broedplaats opgezocht. Plezierboten varen vanaf de kustplaatsen enkele keren per dag dicht langs de vogelrotsen.

Menhir de St-Uzec
Met het christelijke kruis en verschillende symbolen de opmerkelijkste menhir. Aan de rand van het dorp Penvern, D 21

Eten en drinken

Ker an Nod
Vanuit het hotel-restaurant kan men tijdens het diner ook genieten van de zonsondergang.
Pors Termen
Tel. 96 23 50 21
Gemiddelde/hoge prijsklasse

Ti al Lannec
Hotel-restaurant, ouderwets ingericht met veel pluche, goede keuken.
Allée de Mézo-Guen
Tel. 96 23 57 26
Hoge prijsklasse

Service

Office de Tourisme
Pl. de Crech-Héry
22560 Trébeurden
Tel. 96 23 51 64

TIP

Pleumeur-Boudou Techniek-freaks komen in het **Musée des Télécommunications**, op het terrein van het enige Franse satellietstation, volledig aan hun trekken. Veel tentoonstellingsstukken tonen de ontwikkeling van het morsetoestel tot en met de satellietuitzending. Ook »spectacle son et lumière« in de koepel van de historische hoornantenne. Wie liever naar de sterren kijkt, moet een bezoek brengen aan het **planetarium**. Voor kinderen kan het **Village Gaulois** interessanter zijn. Een dorp uit de tijd van Asterix en Obelix. Het particulier initiatief heeft als motto »du Monde des Enfants aux Enfants du Monde« (Franse woordspeling: het bezoek van kinderen voor de kinderen van de hele wereld), afgekort MEEM. Van het grootste gedeelte van de inkomsten worden scholen in de derde wereld gebouwd. ■ C 2

Trégastel ■ C 2

De net 2000 zielen tellende badplaats heeft in deze kuststrook de meeste zandstranden. Met de getijden verandert van uur tot uur hun aanblik. Terwijl bij vloed op enkele plaatsen de ligplaatsen verdwijnen, worden bij eb fraaie rotsformaties zichtbaar. Het grootste strand, Plage du Coz-Pors, met zijn fijne zand en verschillende strandinrichtingen wordt door grote rotsen afgebakend. Daarvoor ligt de reusachtige dobbelsteen, de doodskop en andere fotogenieke rotssculpturen. De gezinsbadplaats ontstond om de kleine havenbaai, verder omhoog in het binnenland ligt de oudste stadswijk.

Hotels en andere logies

Beau Sejour
Direct aan het strand, gedeeltelijk uitzicht op zee vanaf de kamers van de eerste verdieping.
Pl. du Croz-Pors
Tel. 96 23 88 02
17 kamers
Laagste/gemiddelde prijsklasse

Bellevue
Representatief drie-sterren-hotel met rustige tuin.
20, Rue des Calculots
Tel. 96 23 88 18
31 kamers
Gemiddelde prijsklasse

Camping Le Golven
Aan de rand van het dorp gelegen, de stranden zijn te voet bereikbaar. In het hoogseizoen is reservering aan te bevelen.
Rt. de la Corniche
Tel. 96 33 39 46
160 staanplaatsen

Wandeling

Het mooiste stuk van de kustwandeling over het tolpad begint bij het strand »Grève de Tou-Drez«. De weg loopt om het kleine schiereiland »Ile Renote« heen dat tot Parc Naturel werd uitgeroepen. Aan de ene kant ziet men het **Château Costaérès**, aan de andere kant kan men bij eb met droge voeten op de rotsen van het **Ile du Grand Gouffee** klauteren.
Duur: 1 tot 1 1/2 uur

Bezienswaardigheid

Moulin à Mer
De getijdenmolen was tot het begin van deze eeuw in bedrijf.
Rondleidingen juli-aug. dagelijks 10.00-19.00 uur,
juni en sept. dagelijks behalve di 15.00-18.30 uur

Museum

L'Aquarium Marin
In een prehistorische grot kan men de vissen, die voor de Bretonse kust zwemmen, waarnemen.
Bv. du Croz-Pors
Dagelijks tijdens het seizoen 09.00-20.00 uur

Eten en drinken

Des Bains
Keuze uit veel vis- en vleessoorten in het hotel-restaurant.
Bd. du Croz-Pors
Tel. 96 23 88 09
Laagste/gemiddelde prijsklasse

Service

Office de Tourisme
Pl. Ste-Anne
22730 Trégastel
Tel. 96 23 88 67

Dinan

■ E 3

Terwijl de aanblik van de stad vroeger bepaald werd door ambachtslieden en kooplieden, zijn dat nu tijdens het zomerseizoen de toeristen. Dat is niet verwonderlijk, want Dinan met zijn 20000 inwoners behoort tot de mooiste middeleeuwse stadjes in Bretagne. De ligging op het 75 m hoge plateau boven de Rance, de volledig bewaard gebleven stadsmuurring en de vele vakwerkhuizen met hun galerijen maken de oude binnenstad zeer attractief.

Het is te danken aan de beroemdste zoon van de stad, Bertrand du Guesclin (1320-1380) dat Dinan in 1359 niet voor de tweede keer door de Engelsen werd ingenomen. In de Honderdjarige Oorlog had de »Ridder zonder Vrees« in dienst van Frankrijk er in belangrijke mate toe bijgedragen dat Bretagne niet in handen van de Engelsen viel. Bertrand du Guesclin klom op van eenvoudige boerenzoon tot constable de France, de hoogste commandeur van het Franse leger. De reiziger komt zijn naam overal in Bretagne tegen: op straatnaamborden, in namen van hotels en restaurants.

In de 14de eeuw wordt een begin gemaakt met de versterking van de stad. De meer dan tweeëneenhalve kilometer lange muurring is voorzien van zestien weertorens. Tot de economische bloeiperiode in de 15de eeuw waren laken en lederwaren gewilde produkten. Over de Rance konden de goederen verscheept worden. De industrialisering betekende het einde van de handelsstad.

Schilderachtige middeleeuwse straatjes in de oude binnenstad van Dinan

Hotels en andere logies

D'Avaugour
Comfortabel hotel dichtbij de stadsmuren, de kamers zijn gezellig gemeubileerd. Smaakvol restaurant.
1, Pl. du Champ
Tel. 96 39 07 49
27 kamers
Gemiddelde prijsklasse

De France
Keurige kamers, smaakvol restaurant
7, Pl. 11 Novembre
Tel. 96 39 22 56
14 kamers
Laagste prijsklasse

Tour de l'Horloge
In het hartje van de oude binnenstad, comfortabel ingerichte kamers.
5, Rue de la Chaux
Tel. 96 39 96 92
12 kamers
Gemiddelde prijsklasse

Camping de l'Hallerais
Mooi complex, terrasvormig aangelegd naar de Rance: 3 km buiten Dinan in Taden.
Tel. 96 39 15 93
225 staanplaatsen
Geopend maart-okt.

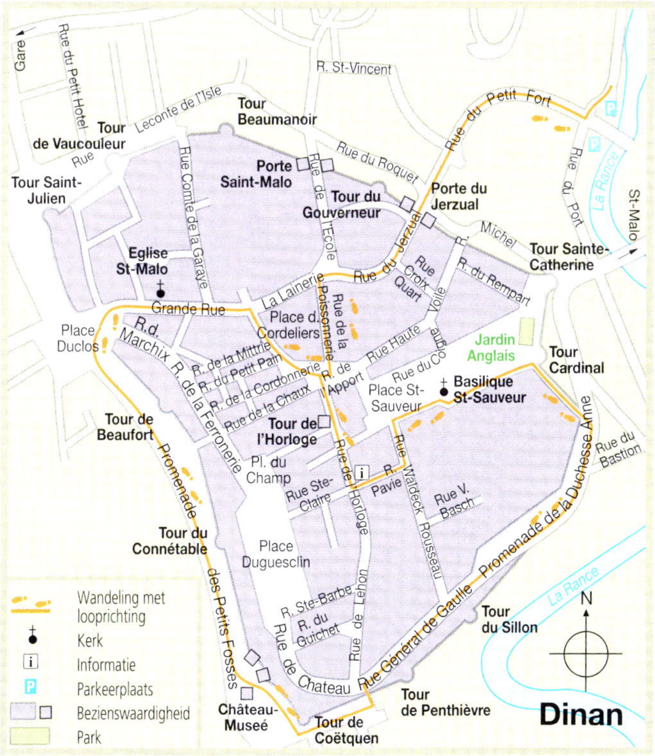

Wandeling

De historische oude binnenstad nadert men bij voorkeur via de rivierhaven van de Rance. De vermoeiende weg over de steile **Rue du Petit Fort** was tot de vorige eeuw, voordat het viaduct gebouwd werd, de belangrijkste toegangsweg naar de handelsstad. Belangrijke exportprodukten waren laken, linnen en graan. In de vakwerkhuizen hebben zich weer ambachtslieden – kunstnijverheidsbedrijfjes gevestigd. Door de **Porte du Jerzual**, een van de vier toegangspoorten, komt men zoals gedurende vele eeuwen de stad binnen. Links de oude hoofdstraat **Rue de la Poissonnerie** en **Rue de l'Horloge** met hun oude huizen inslaan. Achter het toeristenbureau, dat in een van de mooiste vakwerkhuizen is ingericht, komt men op de **Place St-Sauveur** met de gelijknamige kerk. Op de plaats van het kerkhof werd in de vorige eeuw de **Jardin Anglais** aangelegd. Van hier en van de rechts aangrenzende **Promenade de la Duchesse Anne** heeft men een prachtig uitzicht op het dal van de Rance. De **Rue du Général de Gaulle** voert naar het château, de middeleeuwse weertoren. Op de Promenade des Petits Fosses, het trefpunt van de boulespelers, loopt men een heel eind langs de stadsmuur (13de-16de eeuw). Van de Place Duclos voert de »Grande Rue« langs de **kerk St-Malo** naar de **Place des Cordeliers** in het centrum. Het plein onderscheidt zich door de arcade-huizen waarvan de balken onder de eeuwenlange last doorbuigen. In een van de café's kan men even uitrusten. Voor wie geen gebouwen bezichtigt en niet gaat winkelen, duurt deze wandeling ongeveer 1 tot 1 1/2 uur.

Bezienswaardigheden

Basilique St-Sauveur
Ze valt op door haar asymmetrische plattegrond. Tijdens de Romaanse periode werd met de bouw begonnen (12de eeuw), waarna in de stijl van de gotiek een zijschip (15de eeuw) werd aangebouwd. In een van de 15 zijkapelletjes wordt het hart bewaard van de Bretonse held Bertrand du Guesclin.
Pl. St-Sauveur

Eglise St-Malo
In 1490 in een duidelijke flamboyante gotische stijl begonnen, werd de kerk pas in de vorige eeuw voltooid. In een van de ruiten is hertogin Anne de Bretagne met haar gevolg afgebeeld. Engels orgel uit 1889.
Grande Rue

Tour de l'Horloge
Van de 60 m hoge klokketoren heeft men een schitterend uitzicht op de stad. De klokketoren (eind 15de eeuw) behoorde tot de revolutie tot het stadhuis. De klok van een Duitse klokkenmaker is het geschenk van hertogin Anne de Bretagne.
Rue de l'Horloge, schuin tegenover het toeristenbureau
Dagelijks 10.00-12.00 uur en 14.00-18.00 uur

Museum

Château-Musée
De 34 m hoge weertoren (donjon 14de eeuw) is een deel van de stadsversterking. Op verscheidene verdiepingen wordt de geschiedenis van de stad gepresenteerd, o.a. kunsthandwerk, Bretonse meubels en de verschillende kapjes die bij de klederdracht van de vrouwen horen (coiffes). Panorama.
Donjon de la Duchesse Anne

Tijdens het seizoen dagelijks 10.00-18.30 uur, in andere maanden korter

Eten en drinken

La Mère Pourcel
Het beste adres in de oude binnenstad, zowel qua sfeer in het middeleeuwse vakwerkhuis alsook wat de keuken betreft, die meerdere malen onderscheiden werd.
3, Pl. des Merciers
Tel. 96 39 03 80
Gemiddelde prijsklasse

Relais des Corsaires
Oergezellig restaurant in een vakwerkhuis uit de 15de eeuw aan de Rance.
Le Port
Tel. 96 39 40 17
Gemiddelde prijsklasse

Les Terrasses
Bekoorlijk door zijn terras direct naast de rivier. Eetzaal met grote ramen aan de voorzijde.
Le Port
Tel. 96 39 09 60
Gemiddelde/hoge prijsklasse

Service

Office de Tourisme
6, Rue de l'Horloge
22100 Dinan
Tel. 96 39 75 40, fax 96 39 01 64

Uitstapjes

Benedictijnenabdij St-Magloire ■ E 3

Twee kilometer ten zuiden van Dinan in Lehon werd de abdijkerk uit de 15de eeuw weer gerestaureerd. Veel belangrijke personen zijn hier bijgezet. Het voormalige klooster met de kruisgang ligt binnen de ruïnes.

Boottocht op de Rance

Evenals in de middeleeuwen is de Rance tot in Dinan bevaarbaar. Mooie tocht van tweeëneenhalf uur vanaf de getijcentrale over de steeds smaller wordende rivier. De vertrektijden zijn afhankelijk van de stand van de getijden, terugreis per bus.
Informatie in het toeristenbureau.

Bij vloed varen de plezierboten op de Rance naar Dinan

Paimpol

■ C 2

Paimpol werd bekend door Pierre Loti's roman » De IJslandvissers«. In 1886 beschreef hij het harde leven van de mannen die met gevaar voor eigen leven op de Noordzee de kabeljauwscholen volgden. »De oude daken verhalen over de eeuwenlange strijd tegen alles wat de zee heeft prijsgegeven...« schreef de dichter in de vorige eeuw. Tot nu toe hebben de smalle straatjes in de binnenstad, de vakwerkhuizen en de vissershaven van de stad met haar 8000 inwoners iets van hun flair uit vroeger tijden behouden. Pierre Loti heeft korte tijd in de Rue de l'Eglise nr. 5, naast het Palace du Martray, gewoond, en dit was het toneel van zijn romanheldin Gand Mével. Hier hebben de IJslandvissers over hun avontuurlijke belevenissen op hoge zee verteld. Hier zaten zij samen in de kroeg en bereidden zich in het begin van het jaar voor om opnieuw in zee te steken. De vissers zijn allang overgestapt op de vangst van schaaldieren. Alleen de toeristen volgen nog de sporen van de IJslandvissers.

Julien Viaud, die zich pas na zijn verblijf in Paimpol het pseudoniem aannam, werd in 1850 in Rochefort (Atlantische kust) geboren. In zijn roman verwerkt hij zijn eigen ervaringen als zeeman, zijn liefdesverdriet met de dramatische beschrijvingen van de IJslandvissers. Bij de inheemse bevolking heeft hij door zijn wat vertekende beschrijving van de Bretons niet veel vrienden gemaakt.

Paimpol is voor een echte vakantie aan zee minder geschikt dan de badplaatsen in het zuiden. Vanuit Paimpol kunnen echter wel verschillende uitstapjes worden gemaakt. Met de archipel in het noorden en het Ile de Bréhat begint reeds het rotslandschap van de Côte de Granit Rose.

Tegen de «Mur des Disparus en Mer»
is het lot van talrijke zeelieden vereeuwigd

Hotels

Château de Coatguelen
De kamers van het manoir uit de 19de eeuw werden in een hotel veranderd en in de ruime kasteeltuin werd een golfbaan aangelegd. Voor een koele duik en een drankje zorgen het zwembad en de bar.
10 km ten zuiden aan de D 7
22290 Lanvollon
Tel. 96 22 31 24
Hoge prijsklasse

Eurotel
Modern stadshotel, zowel van buiten alsook wat de inrichting van de kamers betreft.
Rt. de Lanvollon
Tel. 96 20 81 85
30 kamers
Gemiddelde prijsklasse

Repaire de Kerroc'h
In het voormalige huis van een reder ingericht, direct aan de haven. Nette kamers.
Quai Morand
Tel. 96 20 50 13
11 kamers, 2 appartementen
Gemiddelde prijsklasse

Bezienswaardigheden

Abbaye de Beauport
Het kloostercomplex uit de 12de eeuw is gedeeltelijk een ruïne, op het kerkschip ligt geen dak, de maaswerkramen worden omrankt door bloemen – een bizarre omgeving. De abdij werd gesticht door de invloedrijke orde van de premonstranzers. Ten tijde van de Franse Revolutie was ze in gebruik als munitiefabriek, sinds 1845 in particulier bezit.
Rue de Beauport (D 786), 2 km buiten Paimpol in de richting van Plouha
Dagelijks tijdens het seizoen 09.00-12.00 uur en 14.00-18.00 uur

Mad Atao
Een van de weinige nog bewaard gebleven IJslandschoeners (bouwjaar 1932) ligt helemaal vooraan in het havenbekken. Na de oorlog werd in plaats van jonge kabeljauw zand geladen.
Bezichtiging gratis

Mur des Disparus en Mer
27 hommes, 17 hommes, 7 hommes... tragische lotgevallen

TIP

Boottocht rondom Ile de Bréhat »Een onvergetelijke tocht door een van de mooiste eilandengroepen in Europa«, staat er in de reclamefolder, en dat is niet te veel gezegd. Bij mooi weer glinsteren de rotsen van rood tot oker in alle pastelkleuren, uit het groen van de kust doemen fotogenieke villa's op, en om het geheel te vervolmaken is er ook nog het contrast van de zee. Na een tocht van een uur bestaat de mogelijkheid om de eilanden te voet te verkennen. Als men niet alleen de havenplaats Port-Clos wil zien, maar ook het noorden van het kleine eiland (3,5 x 1,5 km) met de vuurtoren Phare du Paon, kan men in de haven een fiets huren. Vertrek en aankomst Pointe de l'Arcouest, 6 km van Paimpol
■ D 1/D 2

staan achter de getallen aan de klaagmuur op het kerkhof in de naburige plaats Ploubazlanec (2 km over de D 789). Tussen 1850 en 1935 heeft de zee hele scheepsbemanningen opgeëist bij de gevaarlijke visvangst rondom IJsland.

Museum

Musée de la Mer
Een heemkundemuseum dat o.a. aan de IJsland-vissers, Pierre Loti en de musicus Théodor Botrel is gewijd.
Rue de la Benne
Dagelijks 14.00-18.00 uur

Eten en drinken

La Cotriade
In het verzorgde restaurant heeft men het beste uitzicht op de haven.
Quai de Kernoa
Tel. 96 20 81 08
Ma gesloten
Gemiddelde/hoge prijsklasse

L'Escale
Crêperie en klein restaurant aan de kade. Vis en mosselen op Bretonse wijze bereid.
Quai Morand
Tel. 96 20 81 88
Laagste/gemiddelde prijsklasse

La Vieille Tour
Het meest gerenommeerde huis, rustiek ingericht.
15, Rue de l'Eglise
Tel. 96 20 83 18
Hoge prijsklasse

Inkopen

Maison de la Presse
Hier verkrijgbaar: »Pêcheur d'Islande« van Pierre Loti in een goedkope pocketuitgave. Met een goede kennis van de Franse taal een spannend vakantieboek.
Pl. de la République

Service

Office du Tourisme
Rue Pierre Feutren
22500 Paimpol
Tel. 96 20 83 16

Uitstapjes

Château de la Roche Jagu ■ C 2

Het kasteel uit de 15de eeuw is prachtig gelegen in een park aan een bocht in de rivier de Trieux. Toegangsweg met de eigen auto richting Tréguier, na de brug 8 km over de D 787. Veel attractiever als boottocht vanaf Pointe de l'Arcouest, 6 km van Paimpol stroomopwaarts.
Half juni-half sept., vertrektijd afhankelijk van de getijden.

Kermaria en tempel Lanleff ■ D 2

Uniek in deze streek zijn de talrijke dodendansfresco's (15de eeuw) in de kleine kerk Kermaria: van de gewone burger tot en met de hoogwaardigheidsbekleder komt iedereen aan de beurt – en ten tijde van de pest kwam de dood heel snel. Beschilderde apostelbeelden in het voorportaal.
In het dorpje **Lanleff** staan de ruïnes van een kleine ronde romaanse kerk uit de 11de eeuw, waarvan de bouwwijze in Bretagne uniek is. De benaming tempel is afkomstig van de aanvankelijke veronderstelling dat het een Gallische offerplaats betrof. Beide bezienswaardigheden liggen enkele kilometer terzijde van de D 7 in de richting van Lanvollon (met borden aangegeven).

Loguivy ■ C 2

Over de kustweg GR 34 langs het schiereiland (in totaal ca. 20 km) of 5 km over de doodlopende weg D 15 bereikt men de authentieke vissershaven. De vangst, mosselen en schaaldieren, kan men in de restaurants aan de kade eten.

St-Quai-Portrieux ■ D 2

De kleine badplaats ligt aan de »Baie de Saint-Brieuc«. Aan de ene zijde strekken de drukbezochte zandbaaien zich uit, aan de andere zijde van de Pointe ligt de oude havenplaats. Toen het strand-toerisme in de vorige eeuw mode werd, werden vlakbij de stranden de eerste hotels gebouwd. Tegenwoordig kan men zelfs in een drie-sterren-hotel overnachten, en zoals in elke »badplaats« ontbreekt ook het casino bij het hoofdstrand niet. Tot de vele sportmogelijkheden behoort ook een golfbaan en het huren van boten.

Tréguier ■ C 2

Het middeleeuwse kathedraalstadje (15 km van Paimpol) ligt op een heuvel aan de samenloop van de Guindy en de Jaudy. Van de oude havenpoort aan de kade met zijn beide hoektorens loopt de Rue Renan omhoog tot de Place du Martray, waar enkele vakwerkhuizen uit de 16de/17de eeuw staan. Belangrijkste bezienswaardigheid is de kathedraal waar de overblijfselen van de H. Yves, de beschermheilige van de rechters, worden vereerd. De kruisgang met arcades is een van de mooiste voorbeelden van de filigrane flamboyante gotiek in Bretagne.
In het geboortehuis van de schrijver Ernest Renan (1823-92), een heel goed bewaard gebleven vakwerkhuis, is een klein museum ingericht. Als godsdienstcriticus was de bekendste zoon van de stad niet bij alle medeburgers geliefd. Hij was trots op zijn Keltische afkomst en schreef in het Bretons.
Wie nog niet in de gelegenheid was om de roodglinsterende rotskust aan de »Côte de Granit Rose« te bewonderen, kan vanaf Tréguier een omweg van de mondingsbaai van de Jaudy naar **»Pointe du Château«** maken (ca. 20 km, vanaf Plougrescant met borden aangegeven als »Circuit de la Côte des Ajoncs«). Als hoogtepunt vlak aan zee het ansichtkaartmotief »la maison entre les roches«.

Hotel

Manoir de Kergrec'h
Indien u bereid bent om 550 francs of meer voor een overnachting – voor twee personen natuurlijk – uit te geven, dan kunt u zich hier als een kasteelheer en -vrouwe voelen. Het met klimop en rozen omrankte manoir uit de 17de eeuw ligt in een schitterend rustig park, de kamers zijn authentiek ingericht. Hemelbed en antiek meubilair in de kamers en appartementen – met uitzondering van de badkamer die volgens de hedendaagse wensen is ingericht.
22820 Plougrescant
Tel. 96 92 56 06
5 kamers
Hoge prijsklasse

TOPTEN 4

St-Cast-le-Guildo

■ E 2

Het kleine kuststadje is een badplaats met heel veel mogelijkheden. De kilometerslange zandbaai »Grande Plage« in de stad zelf wordt zonder overdrijving als een van de mooiste in het noorden van Bretagne genoemd. Terwijl in het voorseizoen de onverschrokken badgasten zich nog als kleine stippen over de uitgestrekte zandvlakte verspreiden, kan het in augustus hier erg druk worden.

St-Cast bestaat uit drie verschillende wijken. Het oorspronkelijke vissersdorp »Le Bourg« strekt zich boven het strand uit over het rotsplateau. In »L'Isle«, de bijbehorende haven, leggen nu nog de schepen aan – meestal zeilboten van recreatieschippers. De smalle straatjes lopen steil omhoog. De wijk »La garde« met casino, hotels en strandpromenade ontstond pas met het opkomende toerisme in het begin van deze eeuw. Na de inlijving van de schilderachtig gelegen havenplaats Le-Guildo telt de badplaats meer dan 3000 inwoners. In de zomer komen daar enkele tienduizenden badgasten bij.

In de burcht boven de monding van de Arguenon (tegenwoordig ruïnes) woonde in de 15de eeuw prins Gilles de Bretagne. Hij werd het slachtoffer van een aanslag door zijn afgunstige broer Frans, hertog van Bretagne. Van St-Cast-le-Guildo is het naar Cap Fréhel, het landschappelijke hoogtepunt aan de noordkust, slechts een klein eindje. Heel mooi ook als boottocht, langs Fort la Latte.

De zandstranden van St-Cast-le-Guildo behoren tot de mooiste in Bretagne

Hotels en andere logies

Les Arcades
Drie-sterren-hotel, modern ingerichte kamers.
Bd. Duc d'Aiguillon
Tel. 96 41 80 50
32 kamers
Gemiddelde prijsklasse

Des Dunes
Een goed geleid hotel, dat ondanks de naam twee straten achter het strand ligt. Door gourmetgidsen verscheidene keren bekroond hotel-restaurant, conventioneel ingericht.
Rue Primauguet
Tel. 96 41 80 31
27 kamers
Gemiddelde prijsklasse

L'Espérance
Niet veel luxe in de kamers, vanaf de hoogste verdieping uitzicht op zee.
Bd. Duponchel
Tel. 96 41 81 13
20 kamers
Laagste prijsklasse

Camping Le Château
Gerieflijke vier-sterren-camping op het terrein van een château, deels schaduwrijke staanplaatsen. Een zwembad vervangt de zee, tennisbanen. 8 km in de richting van Le-Guildo nabij de D 786
Tel. 96 41 10 56
272 staanplaatsen

Camping Municipal de la Mare
Aan de rand van L'Isle, in terrassen naar zee aangelegd. Uitzicht op het Fort la Latte. Slechts 100 m naar het strand Plage Fremaye.
Rue de la Mare
Tel. 96 41 89 19
250 staanplaatsen
Geopend juni-sept.

Eten en drinken

Les Arcades
Van de pizza tot en met het vier-gangen-menu voor ieder wat wils. Tafeltjes ook in de voetgangerszone.
Bd. Duc D'Aiguillon
Tel. 96 41 80 50
Laagste tot hoge prijsklasse

L'Espérance
Goede ambiance om zich aan de delicatessen van de zee te wijden. Ook vleesgerechten.
Bd. de L'Arguenon
Tel. 96 41 07 22
Gemiddelde prijsklasse

Service

Office de Tourisme
Pl. Charles de Gaulle, B.P.9
22380 St-Cast-le-Guildo
Tel. 96 41 81 52, fax 96 41 76 19

Uitstapjes

Cap Fréhel en Fort la Latte ■ E 2

22 Km van St-Cast-le-Guildo verwijderd, loopt de »noordkaap« van Bretagne 70 m steil naar zee af. De **Cap Fréhel** laat zich in mei en juni van zijn kleurrijkste zijde zien: de heide is bezaaid met schitterende gaspeldoorn, in contrast daarmee zijn de bruin-grijs glinsterende rotsen en de schuimende zee. Op de ontoegankelijke klippen van het beschermd natuurgebied nestelen duizenden zeevogels. Via het bijzonder mooie kustpad bereikt men te voet in ca. 1-1 1/2 uur **Fort la Latte** (6 km over de toegangsweg). Door zijn avontuurlijke ligging op een rotspunt boven de zee werd de vesting, die ongeveer een eeuw oud is, ook als filmdecor gebruikt.

Dagelijks juni-sept. 10.00-12.30 uur en 14.30-18.30 uur,
in de andere maanden zo 14.30-17.30 uur

Erquy ■ D 2

De 3000 inwoners tellende badplaats is bekoorlijk door zijn lange stranden van fijn zand. Op de landtong liggen rustigere badstranden verscholen tussen de rotsen, die deels alleen te voet bereikt kunnen worden. In de vissershaven aan de rand van de baai werden voornamelijk de overheerlijke jakobsschelpen aan land gebracht. Behalve mooie kustwandelingen is een bezoek aan het **château de Bienassis** uit de 15de/17de eeuw zeker de moeite waard. Enkele zalen van de waterburcht kunnen bezichtigd worden.

Château de Bienassis
5 km ten zuiden van Erquy aan de D 34
tel. 96 72 22 03
Begin juni-begin sept. dagelijks behalve op zondagmorgen 10.30-12.30 uur en 14.00-18.30 uur

Office de Tourisme
Bd. de la Mer
22430 Erquy
Tel. 96 72 30 12, fax 96 72 02 88

Le Val-André ■ D 2

Zeiljollen, surfers en duizenden badgasten domineren in de zomer het attractieve zandstrand. De bevolking van de kleine badplaats (4000 inwoners) vertienvoudigt tijdens het seizoen. Rotskapen bakenen het 2 km lange hoofdstrand aan beide zijden af, vanwaar men een mooi uitzicht heeft op de drukke badplaats. Een bijzondere attractie is de vogelrots in het noorden, vlak voor de kust. Le Val-André is de laatste zeebadplaats aan de Smaragdkust, want de »Baie de St-Brieuc« wordt met de hoofdstad St-Brieuc verbonden door onaantrekkelijke ebstranden. 16 km in het binnenland ligt de stad **Lamballe**, die bekend is om haar kathedraal en de paardenfokkerijen. Paardenliefhebbers moeten beslist een bezoek brengen aan de op een na grootste stoeterij van Frankrijk.
Dagelijks 10.00-12.00 uur en 14.00-17.00 uur

Office de Tourisme
Rue Winston Churchill, B.P.125
Tel. 96 72 20 55, fax 96 63 00 34

Bij Cap Fréhel: kleurenspel en contrasten

Saint-Malo

■ E 2

Het »piratennest« in de stijl van de 18de eeuw is een reconstructie van de aan het eind van de tweede wereldoorlog bijna volledig verwoeste »ville close«. Tijdens het hoogseizoen behoort deze stadswijk van St-Malo uitsluitend de voetgangers toe; café's en restaurants zetten dan hun tafeltjes op straat, tot laat in de nacht spelen de straatmuzikanten, portretschilders beleven gouden tijden.

St-Malo is de geboorteplaats van wereldberoemde Fransen, of liever gezegd »Malouins«, zoals de inwoners zich trots noemen: Jacques Cartier (1491 tot 1557) heeft met zijn ontdekking van Canada geschiedenis geschreven. Zijn reis werd »gesponsord« door de Franse koning, die daar goud en diamanten hoopte aan te treffen. Ook in opdracht van de koning, maar met een heel andere missie, bevoer Robert Surcouf (1773 tot 1827) de wereldzeeën. Voorzien van kaperbrieven, behoorde hij tot de meest gevreesde zeerovers van zijn tijd. Waar zijn schepen opdoken, konden handelsschepen nog maar één ding doen: vluchten. Ongeveer in dezelfde tijd leefde François René de Châteaubriand (1768-1848). De Malouin van geboorte was niet alleen een groot politicus, maar ook een belangrijk dichter die met zijn werken in Frankrijk de romantiek in belangrijke mate beïnvloedde. Overigens heeft Châteaubriand veel te maken met de Châteaubriand op de menukaarten – het was zijn lievelingsgerecht, een uitvinding van zijn kok.

De vakantieganger vindt in St-Malo precies wat hij wenst voor een lang verblijf: goede badstranden, een attractief stadje en uitstapjes in alle richtingen.

De vrijbuiter Robert Surcouf

Hotels en andere logies

Les Courlis
Het familiehotel straalt een genoeglijke ongedwongen sfeer uit. Op korte afstand van het strand in Paramé.
9, Rue des Bains
Tel. 99 56 00 15
11 kamers
Laagste prijsklasse

France Châteaubriand
Groot hotel in het centrum van de voormalige piratenstad. De grote romanticus is in het huis ernaast geboren.
Pl. Châteaubriand
Tel. 99 56 66 52
74 kamers
Gemiddelde prijsklasse

Grand Hôtel des Thermes
Vier-sterren-hotel nabij Plage de Rochebronne, Thalassotherapie.
100, Bd. Hébert
Tel. 99 40 75 75
189 kamers
Hoge prijsklasse

La Porte Saint Pierre
Huiselijk hotel naast de stadsmuren. Vanuit de kamers op de hoogste verdiepingen uitzicht op zee.
2, Pl. du Guet
Tel. 99 40 91 27
27 kamers
Gemiddelde prijsklasse

Camping La Cité d'Aleth
Op een landtong met uitzicht op de piratenstad en Dinard.
Wijk St-Servan
Tel. 99 81 60 91
Het hele jaar geopend

Camping Municipal du Nicet
In Rothéneuf boven de kust gelegen.
Av. de la Varde
Tel. 99 40 26 32
250 staanplaatsen
April-half sept

Wandeling

Het zou verkeerd zijn om in de **Ville close** (intra muros) een concrete rondleiding voor te schrijven. Hier kan men ronddwalen, langs de 2 km lange stadsmuren wandelen (verscheidene toegangen) en genieten van het wijde uitzicht over de zee, die de binnenstad van drie kanten omspoelt; men moet door de straatjes slenteren en even in een café uitrusten. Bij eb komt men op de voor de kust gelegen eilandjes. Maar let op de getijden, anders is de kans groot dat u enkele uren op de door water omgeven eilanden moet wachten tot de terugweg weer begaanbaar is geworden.

Bezienswaardigheden

Cathédrale St-Vincent
De getrouwe kopie van de in 1944 verwoeste kerk is de laatste rustplaats van beroemde Malouins, o.a. ook Jacques Cartier.

Château de la Duchesse Anne
De ingang van de binnenstad (intra muros) wordt bewaakt door de vesting die geleidelijk haar vier torens kreeg (begin 15de eeuw). Omdat de inwoners het niet altijd eens waren met hun heersers, liet hertogin Anne de Bretagne de toren «Quic-en Groingne» bouwen tegen aanvallen uit de stad. Tegenwoordig zijn in het château het stadhuis en musea ondergebracht.

Fort National
Het fort werd in 1689 door de vestingarchitect Vauban als deel van de stadsversterking ontworpen. In de tweede wereldoorlog hielden Duitse bezetters hier enkele

honderden inwoners in gijzeling.
Rondleidingen elk half uur.
Voor Grand Plage, alleen bij eb toegankelijk

Rochers Sculptés
Curieus en uniek zijn de ca. 300 basreliëfs die een monnik gedurende vele jaren uit de rots heeft gehouwen.
Rue Abbé Fouré
Rothéneuf
Dagelijks 09.00-19.00 uur

Musea

Aquarium en exotarium
Exotische vissen in meer dan 60 aquaria en veel zeldzame reptielen.
Pl. Vauban
Tijdens het seizoen dagelijks 09.00-23.00 uur, anders 09.00-12.00 uur en 14.00-19.00 uur

Manoir de Jacques Cartier
De residentie van de grote ontdekker is 16de-eeuws ingericht. Diashow.
Rue David-Macdonald-Stewart
Rothéneuf
Juni-sept. wo-zo 10.00-11.30 uur en14.30-18.00 uur, anders korter

Musée de la Poupée
Hier worden jeugdherinneringen opgeroepen. Meer dan 500 poppen.
13, Rue de Toulouse
Juli-sept. dagelijks 10.00-13.00 uur en14.00-19.00 uur

Musée de St-Malo
Het stedelijk museum is in de voormalige versterkte toren ingericht. In verscheidene zalen wordt de geschiedenis van de zeeroversstad getoond.
Place Châteaubriand
Dagelijks 10.00-12.00 uur en 14.00-18.00 uur, buiten het seizoen di gesloten

Musée international du Longcours et des Cap Horniers
In de «Tour Solidor» (van 1382), de verdedigingstoren in de wijk St-Servan, draait alles om de Cap-Horn-vaarders, hun schepen, hun uitrusting – een unieke collectie. Van de bovenste verdieping van de voormalige verdedigingstoren een riant uitzicht over de Rance.
Rue d'Aleth
Tijdens het seizoen dagelijks behalve di 10.00-12.00 uur en 14.00-18.00 uur

Quic-en-Groingne
In het wassenbeeldenmuseum ontmoet men de beroemde zonen van de stad. Ingericht in de kleine donjon van het château.
Pl. Châteaubriand
Tijdens het seizoen dagelijks 09.30-12.00 uur en 14.00-18.00 uur

TIP

Een panoramaweg van 1,5 km loopt vanaf de jachthaven om de Cité d'Aleth in de wijk St-Servan heen. Van hieruit heeft men een uniek uitzicht op St-Malo. Het uitzicht over het dal van de Rance reikt tot Dinard op de andere oever. Gezeten op de banken in het park kan men in alle rust het drukke scheepvaartverkeer bekijken.

Alleen tijdens een strandwandeling bij eb krijgt men een totaalbeeld van de imposante gereconstrueerde vesting van St-Malo

Eten en drinken

Cap Horn
Wat zou men bij deze naam anders kunnen serveren dan zeevruchten?
100, Bd Hébert
Tel. 99 40 75 40
Hoge prijsklasse

Le Chalut
Uitstekend visrestaurant met een prettige sfeer.
8, Rue de la Corne de Cerf (intra muros)
Tel. 99 56 71 58
Op zondagavond en ma gesloten
Hoge prijsklasse

A la Duchesse Anne
De salon binnen de stadsmuren is ingericht in de stijl van de jaren twintig. Heerlijk bereide vissen, specialiteit: zeekreeft.
5, Pl. Guy-la-Chambre (intra muros)
Tel. 99 40 85 33
Wo gesloten
Luxeklasse

Le Franklin
Het uitzicht op het Fort National en de verfijnde keuken zijn ruimschoots de moeite waard.
4, Chaussées du Sillon
Tel. 99 40 50 93
Op zondagavond en ma gesloten
Hoge prijsklasse

Le Petit Bedon
Hier zit men als in een particuliere schilderijengalerij. In de kleine zaal wordt vooral vis geserveerd, echter geringe keuze.
3, Rue Gouin de Beauchêne (intra muros)
Tel. 99 40 97 19
Zo gesloten
Gemiddelde/hoge prijsklasse

Timothy
Voor elke beurs is er iets: salon de Thé, goede crêperie, vlees en vis in het restaurant.
7, Rue de la Vieille Boucherie (intra muros)
Tel. 99 40 35 36
Ma gesloten
Laagste/gemiddelde prijsklasse

's Avonds veranderen de straten van de »ville close« in restaurantterrassen

Inkopen

Heel mooie souvenirs zijn faïences uit de regio die in de faïencerie Malouine, 6 Rue Porcon, worden verkocht. De verzamelaar van maritieme voorwerpen komt volledig aan zijn trekken in de antiekwinkels in de Rue de la Blatrerie. De kunstwerken van de glasblazer in de Rue des Lauriers zijn helemaal met de hand gemaakt.

's Avonds

Rond middernacht gaan in St-Malo nog lang niet alle lichten uit. In het casino zijn de bars tot de vroege ochtenduren geopend, in het restaurant kunnen nachtbrakers tot 5 uur in de ochtend nog iets eten. In de pianobar Cutty Sark, 20, Rue de la Herse (intra muros), kan men bij een drankje genieten van live-muziek. Guiness en Irish Coffee wordt tot 3 uur in de Irish Bar O'Flahertys, 18, Rue des Cordiers (intra muros) geserveerd.

Service

Office de Tourisme
Esplanade Saint Vincent (Pavillon)
35400 St-Malo
Tel. 99 56 64 48, fax 99 40 93 13

Stadsrondleidingen
Tijdens het hoogseizoen enkele keren per dag. Met plezierboten of bussen kunnen dagtochten naar Cap Fréhel aan de ene kant van de Smaragdkust of naar Cancale aan de andere kant worden gemaakt. Bovendien tochten naar Dinan, Combourg en Fouger in het achterland.
Inlichtingen bij het toeristenbureau.

Uitstapjes

Cancale ■ E 2

Aan de kade van de oesterstad worden de delicatessen vers verkocht. Bij een «dégustation» blijkt wie een gourmet is. Met één handbeweging wordt het hapje in uw bijzijn geopend en met citroen geserveerd. Uit Cancale komen de «huîtres plates», een soort die onder kenners bijzonder gewaardeerd wordt en naar alle landen van de wereld geëxporteerd wordt. In de restaurants aan de kade zijn zeevruchten troef: hoog opgestapelde zilveren schalen met zeespinnen, crevettes, mosselen en andere heerlijkheden. Met eb kan men getuige zijn van een wonderlijk schouwspel, wanneer de reusachtige baai «leeg loopt» en de boten op het zand blijven liggen. In één dag kan men van St-Malo-Rothéneuf naar Cancale wandelen, het mooiste stuk van de Smaragdkust. Het is een deel van de GR 34, de rood-wit gemarkeerde wandelroute door Bretagne. Het platgetreden pad loopt dicht langs de kust, over rotsklippen, om baaien heen, elke bocht biedt weer nieuwe vergezichten. Vlak voor Cancale bereikt men als hoogtepunt de klip **Pointe du Grouin**. Met ca. 25 km is dit een mooie dagtocht die in mei/juni, wanneer de brem bloeit, vooral is aan te bevelen. Sommige stukken van de nabijgelegen kustweg kunnen ook te voet worden afgelegd, waarbij het landschappelijk mooiste gebied op de tweede helft ligt. Voor vervoer heen of terug kan men de lijnbus nemen.

TOPTEN 3

Dinard ■ E 2

De oudste zeebadplaats in Bretagne wordt nog steeds druk bezocht door de Engelsen. Reeds midden vorige eeuw ontdekten welgestelde Britten het idyllische plaatsje met zijn aangename klimaat en de mooie zandstranden. In 1859 nog was «Hôtel de Dinard» het enige logeeradres. Dat veranderde reeds in de jaren zeventig van de vorige eeuw. Thans beschikt Dinard over ca. 30 hotels. Met de opening van het casino in 1789 en de oprichting van de golfclub in 1880 waren de belangrijkste voorwaarden voor een vakantie van de high-society vervuld. In de hogere Engelse kringen was het al gauw bon-ton om in Dinard zijn vakantie door te brengen. Uit de tijd van de Belle Epoque zijn nog enkele mooie villa's behouden gebleven. Hoewel de tijd dat Dinard als de attractiefste zeebadplaats van Europa gold allang voorbij is, verheugen de mooie zandstranden tussen de rotskust zich nog steeds in een grote populariteit. La Plage de l'écluse is als voornaamste badstrand in de plaats zelf bijzonder aantrekkelijk. Verder zijn er ruim voldoende mogelijkheden aanwezig om sport te beoefenen.

Hotels en andere logies

Grand Hotel
Vier-sterren-hotel met charme.
46, Av. George V
Tel. 99 88 26 26
93 kamers
Luxeklasse

Manoir de la Rance
Het hotel uit de vorige eeuw is rustig gelegen aan de oever van de Rance. Individueel ingerichte kamers.
Château de Jouvente (7 km buiten Dinard)
35730 Pleurtuit
Tel. 99 88 53 76
10 kamers
Gemiddelde/hoge prijsklasse

Les Tilleuls
Stadshotel nabij het station, keurige inrichting.
36, Rue de la gare
Tel. 99 82 77 00
53 kamers
Laagste/gemiddelde prijsklasse

Camping le Port Blanc
Ideale ligging aan het zandstrand. Enigszins terrasvormig terrein.
Rue du Sergent Boulanger
600 staanplaatsen
Tel. 99 46 10 74

Beschut tegen de wind achter strandtenten: aan het strand van Dinard

Wandeling

De drie zandstranden op de landtong zijn via de kustweg (Chemin de Ronde) met elkaar verbonden, vanwaar men een mooi uitzicht heeft op St-Malo en de mondingsbaai van de Rance. 's Avonds is het drukste gedeelte van de promenade «Claire de Lune» stemmig verlicht. Discrete muziek en enkele parkbanken – meer heeft men niet nodig voor een romantische sfeer!

Bezienswaardigheid

Rance-getijdencentrale (Usine Maréemotrice)
Met een getijdenverschil van ca. 14 m was de monding van de Rance voorbestemd om de eerste en tot nu toe enige getijdenkrachtcentrale van Europa te worden (in 1966 in bedrijf genomen).
Bereikbaar via de verbindingsweg naar St-Malo
Bezichtiging van de lange turbinehal in de stuwdam dagelijks 08.30-20.00 uur

Musea

Musée de la Mer
In de aquaria worden zeedieren van de Bretonse kust getoond. Bovendien natuurkundig museum.
17, Av. George V
Dagelijks tijdens het seizoen 10.00-12.00 uur en 14.00-18.00 uur

Musée de la Pomme et du Cidre
Dit museum toont op zeer aanschouwelijke wijze, deels op video, de veredeling van appels tot cidre en calvados. Verkoop van de produkten.
Ca. 25 km stroomopwaarts van de Rance
La Ville-Hervy
22690 Pleudihen-sur-Rance
Tel. 99 83 20 78
Geopend juni-aug. dagelijks 10.00-19.00 uur, in andere maanden alleen 's middags

Eten en drinken

Altair
Behaaglijke woonkamersfeer en mooie terrassen.
18, Bd. Féart
Tel. 99 46 13 58
Op zondagavond, maandag en in november gesloten
Gemiddelde prijsklasse

Printania
In het hotel-restaurant Bretons meubilair en prachtig uitzicht op zee.
5, Av. George V
Tel. 99 46 13 07
Hoge prijsklasse

Les Tilleuls
Hotel-restaurant, grote eetzaal in een klassieke omgeving. Veel vis en «fruits de mer».
36, Rue de la gare
Tel. 99 82 77 00
Op dinsdagavond en zo gesloten
Gemiddelde prijsklasse

Service

Office de Tourisme
2, Bd. Féart
35802 Dinard
Tel. 99 46 94 12,
Fax 99 88 21 07

Engelse Kanaaleilanden

Dichter bij Frankrijk dan bij de kust van Engeland liggen de eilanden Jersey, Guernsey, Sark en Alderney. Met een snelle boot duurt de tocht naar Jersey, het grootste eiland met een oppervlakte van 20 x 30 km, een uur, ideaal voor een dagtocht.

Overnachtingen in een eenvoudig Bed & Breakfast zijn wijdverbreid. Auto's, fietsen, bromfietsen en motoren worden op Guernsey of Jersey verhuurd (let op: links rijdend verkeer en smalle wegen!).

Le Mont-St-Michel ■ F 2

De beroemde kloosterberg behoort sinds 1873 tot de cultuurhistorische monumenten van het land. Ondanks de ligging aan de rand van Normandië is de Mont-St-Michel een must voor mensen die hun vakantie in Bretagne doorbrengen. Omdat de berg nog slechts bij springtij door de zee omspoeld wordt, is een wandeling over de uitgestrekte zandvlakten met uitzicht op de Heilige Berg bijna altijd mogelijk. Via de «Grande Rue», die door de etalages van de souvenirwinkeltjes een smalle straat wordt, klimt men omhoog naar het duizend jaar oude pelgrimscentrum.
Bij een rondleiding wordt de ongelooflijke prestatie van de verschillende architecten uit de middeleeuwen duidelijk: de opdracht van de aartsengel Michaël om op de 80 m hoge rotspunt een kerk te bouwen, was in het jaar 708 gemakkelijker gegeven dan ze door de heilige Aubert en zijn assistenten kon worden uitgevoerd. Als fundament moest er eerst een platform op de bergtop worden aangelegd. Daarvoor werden rondom de rots verschillende romaanse crypten gebouwd, die als fundament voor de kloosterkerk dienen. In 1084 ten slotte was de bouw van de imposante abdijkerk voltooid. De kruisgang, die de drie verdiepingen hoge constructie aan de helling afsluit, wordt als een architectonisch wonder (Merveille) beschouwd. De kooraanbouw in zijn prachtige flamboyante gotische stijl werd noodzakelijk nadat het romaanse koor reeds twee eeuwen na zijn bouw instortte. Het kloostereiland was ten tijde van de Honderdjarige Oorlog zo goed versterkt, dat de Franse, noch de Engelse belegeraars erin slaagden het klooster te veroveren.

Schitterend voorbeeld van middeleeuwse architectuur: Le Mont-St-Michel

Steile kapen steken in Finistère, het uiterste westen, ver in zee. Vol kloven en spleten laat Bretagne zich hier van zijn ruwe, ongenaakbare zijde zien.

Ook schilders waren de vorige eeuw onder de indruk van het westen van Bretagne. Paul Gauguin, Emile Bernard, Paul Sérusier, Emile Schuffenecker en anderen werden telkens weer naar Pont-Aven getrokken.
Sommigen spreken nog Bretons en soms dragen ook de vrouwen nog op straat hun klederdracht, waarbij de hoge kapjes (coiffe) in het gebied **Bigouden** zeer karakteristiek zijn. In het binnenland (Centre Finistère) concentreren zich de omheinde parochies (enclos paroissiaux) met de knekelhuizen, de triomfpoort en de uitzonderlijke calvariebergen (calvaire). De weelderige versieringen getuigen van de economische bloeiperiode van deze regio aan het eind van de middeleeuwen.
Het culturele leven van Finistère concentreert zich in de hoofdstad **Quimper** met de indrukwekkendste kathedraal van Bretagne. Elke zomer vindt hier een van de belangrijkste folkloristische evenementen in de regio plaats en worden er klassieke muziek-weken en tentoonstellingen georganiseerd.
In Concarneau is de versterkte oude binnenstad op het kleine eiland in de havenbaai volledig behouden.
De natuur is overweldigend »aan het einde van de wereld« – (Finister, zoals het gebied in het Bretons wordt genoemd), ze heeft diepe trogdalen (in het Bretons: aber) en imposante klippen gevormd. Ver naar het westen strekken de woeste Pointe de Penhir en Pointe du Raz met hun gevaarlijke riffen zich uit. Het leven op de eilanden in de Atlantische Oceaan lijkt bijna onwerkelijk.
Het echte strandtoerisme speelt hier slechts een ondergeschikte rol, daarvoor zijn zee en wind op veel plaatsen te onvriendelijk.
De populaire vakantiegebieden liggen in het zuiden, in het kuststadje Bénodet en rondom Beg Meil, dat de mooiste stranden heeft.
Over de oude waterweg die uitmondt bij Bénodet, varen plezierboten naar Quimper.
De visvangst is in de meeste kustplaatsen erg belangrijk. Dat geldt ook voor Concarneau, waar de grootste vissersvloot van de regio ligt. De Franse marine heeft in de voormalige natuurlijke haven bij Brest haar grootste steunpunt met een onderzeebootbasis.

Brest

■ A 3

Supertankers, goederenkranen, oorlogsschepen en flats bepalen het beeld van de op één na grootste stad (153000 inwoners) van Bretagne. Reeds ten tijde van de Romeinen was de ideaal beschutte baai van groot militair-strategisch belang. Hier liet koning Lodewijk XIV, door dwangarbeid onder leiding van zijn minister van oorlog Richelieu, de grootste vlootbasis van Frankrijk aanleggen. Het Duitse leger gebruikte in de tweede wereldoorlog de Rade-de-Brest als onderzeebootbasis, wat voor de stad en de bevolking tragische gevolgen had: tegen het eind van de oorlog verwoestten de geallieerden de stad bijna volledig tijdens een wekenlang bombardement. Daarna werd ze in ijltempo met veel beton weer opgebouwd. Bij nieuwe gebouwen geven de architecten inmiddels blijk van meer fantasie, bijvoorbeeld bij het congres- en cultuurcentrum »Le Quart« met zijn spiegelgevel of het museum »Océanopolis« bij de jachthaven. De handelshaven (Port de Commerce) werd de vorige eeuw van het mondingsgebied verplaatst naar de Rade-de-Brest. In deze eeuw kwam er een eigen oliehaven bij, waar tankers uit de hele wereld gelost worden.

Voor de reizigers zonder eigen voertuig is Brest een belangrijk centrum: hier is het eindstation voor de sneltrein uit Parijs, op de luchthaven landt Air France en van het Gare Routière vertrekken bussen in alle richtingen. Met een huurauto kan men talrijke uitstapjes in de omgeving maken.

De marinehaven van Brest is een belangrijk steunpunt van de Franse vloot

Hotels en andere logies

Altéa Hotel Continental
Groot centraal gelegen stadshotel. Moderne, comfortabele kamers.
24, Rue de Lyon
Tel. 98 80 50 40
75 kamers
Gemiddelde prijsklasse

Hotel de la Corniche
Het kleine drie-sterren-hotel is rustiek ingericht en rustig gelegen.
1, Rue Admiral Nicol
Tel. 98 45 12 42
17 kamers
Gemiddelde prijsklasse

Camping du Goulet
Eenvoudige camping ten westen van Brest.
Ste-Anne du Portzic
Tel. 98 45 86 84
Het hele jaar geopend

Bezienswaardigheden

Château
De imposante vesting, gebaseerd op de plannen van de koninklijke architect Vauban, beschermde samen met de Tour Tanguy de monding van de Penfeld. In 1923 werd het château tot «monument historique» verklaard en na de bombardering in de tweede wereldoorlog weer opgebouwd.
Bezichtiging samen met het marinemuseum.

Haven
De Rade-de-Brest is Europa's grootste natuurlijke haven. Beschut door de Pointe de Portzic in het westen en de Pointe des Espagnols op het schiereiland Crozon, blijft er net een 2 km brede ingang over (flessehals genoemd). Hier ligt een van de belangrijkste handelshavens en de op een na grootste oorlogshaven van Frankrijk met onderzeebootbasis. Heel goede uitkijkplaatsen op de Rade: vanaf Cours d'Ajot nabij het château; vanaf de ophaalbrug Point Levant over de Penfeld, vanaf de uitkijkplaats Kernis op het tegenovergelegen schiereiland Plougastel of vanaf de Pointe des Espagnols op het tegenovergelegen schiereiland Crozon (bootverbinding).
Georganiseerde boottochten van 1 1/2 uur door de haven.

Musea

Musée Municipal
Kunstmuseum met werken vanaf de 17de eeuw, enkele schilderijen ook uit de «School van Pont-Aven».
22, Rue de Traverse
Dagelijks behalve di 10.00-11.45 uur en
14.00-18.45 uur

Océanopolis
De witte «krab» bij de jachthaven is sinds 1990 het belangrijkste reclamemedium van de stad. Alleen al de architectuur volgens de plannen van Jacques Rougerie maakt een bezoek de moeite waard. De invloeden van de sterren op de zeeën, de ingewikkeldheid van het weer en dergelijke worden door computersimulaties, video en film begrijpelijker. De kinderen zijn in de ban van de modelschepen die op afstand bestuurd door het nagemaakte havencomplex varen. Via trappen loopt men naar beneden naar de «onderwaterwereld» van Bretagne, waarvan het ecologische systeem in een groot aantal aquaria wordt getoond. In het zeewierwoud zwemmen zeehonden, om aan te raken zijn er zeekomkommers, anemonen, koralen en nog veel meer.
TOPTEN 2
Port de Plaisance
Dagelijks mei-sept. 09.30-18.00

uur, tijdens de andere maanden korter

Musée de la Marine
Tijdens een rondgang krijgt men tevens een heel goede indruk van de voormalige stadsvesting. In de keldergewelven scheepsmodellen, galjoenafbeeldingen, zeeschilderijen e.d.
Dagelijks behalve di 09.15-12.00 uur en 14.00-18.00 uur

Tour de la Motte Tanguy
Het stedelijk museum is in de ronde toren van de voormalige stadsvesting ondergebracht (reconstructie).
Dagelijks juni-sept. 10.00-12.00 uur en 14.00-19.00 uur

Eten en drinken

L'Espérance
In het moderne restaurant wordt traditioneel gekookt, keuze uit veel soorten vis, goede wijnen.
6, Pl. de la Liberté
Tel. 98 44 25 29
Op zondagavond en ma gesloten
Laagste/gemiddelde prijsklasse

Ma Petite Folie
In de voormalige boot van de langoestvissers kan men heerlijke zeevruchten eten in een passende omgeving.
Port de Plaisance
Tel. 98 42 44 42
Zo gesloten
Gemiddelde/hoge prijsklasse

Le Ruffé
Een klein restaurant waar behalve vaste menu's ook zeevruchten geserveerd worden.
1bis, Rue Yves-Collet (dichtbij het toeristenbureau)
Tel. 98 46 07 70
Op zondagavond gesloten
Laagste/gemiddelde prijsklasse

Service

Office du Tourisme
Pl. de la Liberté
29266 Brest Cedex
Tel. 98 44 24 96
Bij het binnenrijden van de stad «centre Siam» volgen.

Attractie voor groot en klein: Océanopolis

De onherbergzaamste plek van Bretagne – Ile d'Ouessant

Uitstapjes

Aber-Benoît en Aber-Wrac'h ■ A 2

De zee heeft in het westen diepe rivierdalen gevormd. Met het Bretonse woord »aber« worden de diepe trechtermondingen aangeduid, die met de getijden veranderen: de bij eb heel kleine beekjes in het slik worden bij vloed brede rivieren. De **Aber-Benoît**, 16 km ten noorden aan de D 13, kan men het beste vanaf de brug (D 28) bij Tréglonou bekijken. Over de »Heksenmonding« ligt een km ten noorden van Lanillis ook een brug (D 113), vanwaar men een goed uitzicht heeft op de **Aber-Wrac'h**.

Ile d'Ouessant

Hoekig, steil, door golven en wind van de oceaan getekend, vormt het eiland de meest westelijke voorpost van Frankrijk. Zeevaarders hebben de verraderlijke riffen vervloekt en drie kruisjes geslagen als zij de doorvaart heelhuids gepasseerd waren. Dankzij elektronische navigatiesystemen konden de gevaren in hoge mate worden bedwongen. Terwijl de veerboten op de haven Digue in het oosten aanstevenen, ligt de belangrijkste plaats Lampaul in het zuidwesten. Aan de noordwestkust, waarschijnlijk de boeiendste hoek van het kleine eiland (8x4 km), moet men enige tijd verpozen om te kijken naar de strijd van de branding met de golven. Bootverbindingen een keer per dag vanuit Brest. Minder zeewaardige bezoekers kunnen de plezierboot vanuit de vissersplaats Le Conquet aan de westkust nemen.

Noordwestkust ■ A 2/A 3

Ontelbare mini-eilandjes en riffen steken aan de westkust uit zee op. Nergens anders zijn er zoveel oriëntatiepunten en bakens als hier. In het dorp Kersaint (25 km ten noordwesten van Brest) begint aan de kustweg D 27 de »Route Touristique«, tot hij een bocht maakt om de Aber Ildut. Aan deze kuststrook strandde op 16 maart 1978 de supertanker »Amoco Cadiz«, 220000 ton ruwe olie stroomde in zee en dreef met de stroming mee tot op de stranden van de Kanaaleilanden. Vele duizenden vrijwilligers werkten zich in het zweet om de kust met de hand schoon te maken, zonder enige vergoeding van de verzekering te ontvangen. In de buurt van Plouarzel vindt men de grootste rechtopstaande menhir van Bretagne. Vanaf de schilderachtige haven Le Conquet in de beschutte riviermonding vaart de veerboot naar het Ile d'Ouessant af.

Plougastel-Daoulas ■ A 3

De belangrijkste plaats aan de ingang van het gelijknamige schiereiland is bekend om zijn calvarieberg. Met 180 beelden is dit een van de grote calvariebergen van Bretagne. Bij de uitbeelding van de passietaferelen hebben de beeldhouwers zich in 1602 sterk georiënteerd op de afbeelding van Guimiliau. Ook hier ziet men de kroning met de doornenkroon, het Avondmaal, de hellevaart van Katel Gollet en veel vergelijkbare taferelen. De afbeeldingen zijn als geheel minder expressief dan die van in Guimiliau of St-Thégonnec.

Concarneau

■ B 4

Het mooiste plekje van de havenstad is de «ville close» op het amper 300 m lange eiland. Duizenden vakantiegangers bezoeken elke zomer de kleine oude binnenstad, met haar vele souvenirwinkels, restaurants en crêperieën in de voetgangersstraatjes. De stadsmuren zijn bijna volledig begaanbaar. Van hieruit krijgt men de beste indruk van de meer dan 1000 jaar oude burcht in de beschutte baai. Het voormalige château beveiligde de stad in de richting van de open zee, de ingang werd door een ophaalbrug vergrendeld. Ten tijde van koning Lodewijk XIV liet de vestingarchitect Vauban kanonnen op de daken van de weertorens plaatsen. Van de Porte du Passage, ook door Vauban gebouwd, vaart een passagiersboot naar de andere oever (parkeerplaats). De 18000 inwoners tellende stad aan de «hoek van de Cornouaille» (Bretons: Konk Kernew) leeft voornamelijk van de visvangst. Tweehonderdvijftig schepen zijn hier geregistreerd, waaronder de 35 meter lange zeetrawlers die naar de Seychellen varen. De grote crisis in het begin van deze eeuw, toen de sardinescholen wegbleven en de opbrengst van het «Fête des Filets Bleus» (zie Feesten) de vissers in staat stelde om te overleven, is allang verleden tijd. Wat het vangstquotum betreft, is Concarneau thans de op een na grootste visserijhaven van Frankrijk. De vangst wordt in de grote veilinghal in de vroege ochtenduren geveild (criée) – een opmerkelijk schouwspel dat deels in het Bretons verloopt. Badstranden beginnen in het noorden.

Alsof de tijd stil is blijven staan: de »ville close« van Concarneau

Hotels en andere logies

Lo Jockey
Hotel, waarvan enkele kamers met uitzicht op de haven en op de «ville close».
11, Av. Pierre-Guéguin
Tel. 98 97 31 52
14 kamers
Laagste prijsklasse

De l'Océan
Aan het beste badstrand van de stad gelegen, uitzicht op zee. Halfpension verplicht.
Plage des Sables-Blancs
Tel. 98 50 53 50
16 kamers
Gemiddelde prijsklasse

Camping
Zeven campings zijn over de stad verdeeld. Dichtbij het strand Kernous ligt de drie-sterren-camping **Les Prés Verts**
Tel. 98 97 09 74
150 staanplaatsen
geopend Pasen-sept.

Musea

Marinarium
Een aquarium dat meer dan alleen vissen laat zien.
Pl. de la Croix
Dagelijks van april-sept. 10.00-12.00 uur en
14.00-18.30 uur

Musée de la Pêche
Bij het visserijmuseum in de oude binnenstad horen ook de grote schepen direct voor de stadsmuren. Heel aanschouwelijk worden technieken en de geschiedenis van de verschillende vangstmethoden uitgelegd.
118, Rue Vauban
Dagelijks 09.30-12.30 uur en
14.00-18.00 uur, half juli-half sept.
09.30-19.00 uur

Eten en drinken

Le Galion
Restaurant in een typisch huis van de «ville close», ingericht in de stijl van Lodewijk XIII. Uitstekende keuken.
15, Rue St-Guénolé
Tel. 98 97 30 16
Hoge prijsklasse

Le Petit-Château
Het restaurant ligt wat afgezonderd van het toeristencentrum. In de kleine tuin kan men in alle rust van Bretonse specialiteiten genieten.
16, Rue Théodore-Louarn
Tel. 98 97 49 98
Gemiddelde prijsklasse

Service

Office de Tourisme
Quay d'Aiguillon
29900 Concarneau
Tel. 98 97 01 44, fax 98 97 85 71

Uitstapjes

Beg-Meil, Cap-Coz en Mousterlin ■ B 4

heten de kleine badplaatsen van Fouesnant, enkele kilometers ten westen van Concarneau, de beste badstranden van de Cornouaille: 15 stranden met in totaal ca. 17 km fijn wit zand, licht glooiende duinen en kleine rotspartijen. Doodlopende straten leiden rechtstreeks naar zee; van hieruit kan men een rustig plekje opzoeken. Voor de surfers zijn er verschillende steigers die met de auto bereikbaar zijn. Deze aantrekkelijke kuststrook bleef tot nu toe verschoond van grote hotels, maar campings zijn er voldoende. Langs de kust bevinden zich ca. 20 campings in verschillende categorieën, met en zonder schaduw, dicht aan

zee of nabij de lagune. Het gebied rondom Fouesnant is bekend om zijn cidre en het «Fête des Pommiers».
Office de Tourisme
5, Rue Armor
29170 Fouesnant
Tel. 98 56 00 93, fax 98 56 64 02

Iles de Glénan ■ B 4

Vanuit de verschillende plaatsen langs de kust, o.a. Concarneau en Beg-Meil, kunnen boottochten naar de 20 km verwijderde archipel worden gemaakt. Mooie stranden omringen de vlakke eilanden en mini-eilanden, waarvan enkele particulier eigendom zijn. Het eiland Giautec is een vogelreservaat. Tijdens het duiken of zeilen worden op warme zomerdagen herinneringen gewekt aan de Zuidzee.

Pont Aven ■ B 4

De kleine plaats in het dal van de Aven zou lang niet zo drukbezocht zijn, als meer dan honderd jaar geleden niet zulke beroemde schilders als Paul Gauguin, Paul Sérusier, Emile Bernard e.a. hier gewerkt hadden. Op ansichtkaarten, posters en koekjestrommels met de heerlijke boterkoekjes staan de bekendste motieven. In het «Bois d'Amour» kan men het spoor volgen van de schilders of de kapel «Trémalo» bezoeken, waar Gauguin zich tot zijn beroemde werk «De gele christus» liet inspireren. In 1888 ontstond hier het schilderij «Visioen na de kanselrede – de strijd van Jacobus met de engelen». In het kleine museum zijn enkele werken van de schilders uit Pont-Aven tentoongesteld. Foto's weerspiegelen het leven van deze tijd in het havenstadje (Place de l'Hôtel de Ville, dagelijks van april-dec. 10.00-12.00 uur en 14.00-19.00 uur).

Pont Aven leeft van de roem van »zijn« schilders

Van de bekendheid van de «schildersstad» proberen een tiental galerijen te profiteren; in de souvenirwinkels is alles te koop wat «typisch Bretons» is. Aan de oevers van de Aven stonden vroeger een tiental watermolens. Een daarvan werd veranderd in het degelijke restaurant «Le Moulin de Rosmadec», in een andere werd een Salon de Thé met crêperie ingericht. Op het terras zit men vlak naast de beek. Pont Aven ligt 23 km ten oosten van Quimper, niet ver verwijderd van de autoweg N 165.
Office de Tourisme
B.P.36, 29930 Pont-Aven
Tel. 98 06 04 70

Morlaix

■ B 2

De kleine stad met 20000 inwoners hanteert zonder overdrijving de toevoeging «Cité d'art et d'histoire». Uniek is niet alleen de ligging in het dal, dat overspannen wordt door het opmerkelijke spoorwegviaduct, maar ook de oude binnenstad met bijzonder fraaie vakwerkhuizen is de moeite waard. Reeds in de middeleeuwen was Morlaix als grootste handelscentrum van Bretagne de woonplaats van rijke kooplieden, wat tegenwoordig nog te zien is aan de kunstzinnig versierde gebouwen. Spaanse invloeden zijn ook zichtbaar aan de unieke lantaarnhuizen – in de middeleeuwen een ongebruikelijke bouwwijze die gekenmerkt wordt door de overdekte binnenplaats en de kunstzinnig versierde buitentrap. Een klein aantal «Maisons à Lanterne» hebben de eeuwen getrotseerd. Via de handelsverbindingen, niet alleen met Spanje en Portugal, maar ook overzee, kwam deze bouwwijze naar Morlaix. De goed beveiligde overslaghaven voor de goederen van het achterland zorgde al heel vroeg voor een economische opbloei van de stad die zich tot in het tijdperk van de industrialisering voortzette. Ook de piraten kenden de strategisch gunstige ligging aan de ingang van het Kanaal. Met hun buit droegen zij in hoge mate bij tot de rijkdom van de stad. Vanuit Morlaix kunnen verschillende uitstapjes worden gemaakt. Bijvoorbeeld naar de mooie calvariebergen van Bretagne (zie Uitstapjes), het megalietgraf «cairn de Barnenez» of het Ile de Batz bij Roscoff.

Naast het spoorwegviaduct lijken de huizen van Morlaix miniaturen

Hotels en andere logies

L'Europe
Een hotel met traditionele charme en modern ingerichte kamers. Midden in de stad gelegen.
1, Rue d'Aiguillon
Tel. 98 62 11 99
60 kamers
Gemiddelde prijsklasse

Le Port
Vanuit enkele kamers uitzicht op de haven.
3, Quai de Léon
Tel. 98 88 07 54
25 kamers
Laagste prijsklasse

Wandeling

De wandeling van ongeveer drie kwartier begint bij het toeristenbureau en loopt aan de andere kant van de straat (Rue Venelle de la Roche) omhoog naar het **viaduct** (bord: Accès piétonnier au viaduc). Op de middenetage van de 58 m hoge brug uit 1863 bevindt zich een oversteekplaats voor voetgangers, via de Esplanade du Calvaire bereikt men de **Rue Ange de Guernisac**, een van de oude straten van Morlaix. Met leisteen beklede huizen (15de eeuw) zijn met kunstzinnige heiligenbeelden versierd. Aan het einde van de voetgangers-

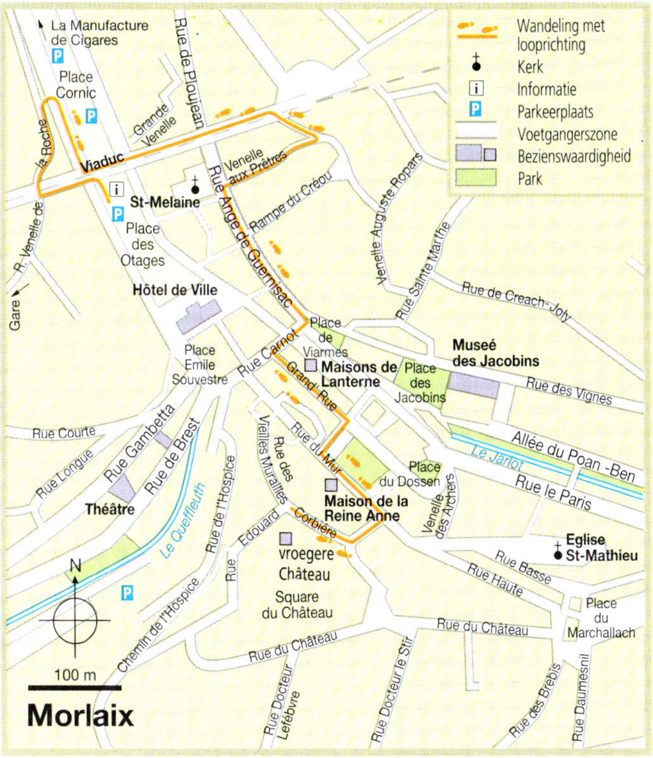

zone buigt na enkele meters in de dwarsstraat Rue Carnot links de **Grand'Rue** af, die bekend is om haar overhellende »Maisons de Lanterne«. Aan het aangrenzende marktplein staat het modelhuis »Maison de la Reine Anne«. Als men vervolgens naar het voormalige château loopt (met borden aangegeven), heeft men een riant uitzicht over de oude binnenstad.

Bezienswaardigheden

Eglise St-Mathieu
Bezienswaardig is niet zozeer de architectuur van de kerk uit de 19de eeuw dan wel het »Statue Ouvrante« – een Mariabeeld, dat uitgeklapt een drieëenheidssculptuur laat zien.
Rue Basse

Maison de la reine Anne
Een lantaarnhuis, genoemd naar de hertogin van Bretagne. Naast de rijk versierde gevel is op de binnenplaats de trap met prachtig houtsnijwerk te zien, die drie verdiepingen met elkaar verbindt.
Dagelijks juli en aug. 10.30-12.00 uur en14.30-18.00 uur, zo gesloten

Musea

La Manufacture de Cigares
Sinds de vorige eeuw bestaat de fabriek waar meer dan 300 miljoen sigaren per jaar worden geproduceerd.
41, Quai de Léon
Een keer per week, duur 1 1/2 uur

Musée des Jacobins
In de voormalige kerk uit de 15de eeuw is het stedelijk museum ingericht. Een bonte mengeling van Bretonse volkskunst en schilderijen.
Pl. des Jacobins
Dagelijks 10.00-12.00 uur en

Vakwerkhuizen in de oude binnenstad van Morlaix

14.00-18.00 uur, buiten het seizoen di gesloten

Eten en drinken

Le Chaudron
Gezellig restaurant in het oude stadhuis. Er wordt gegrilld boven een houtskoolvuur.
7, Rue Ange de Guernisac
Tel. 98 63 47 59
Gemiddelde prijsklasse

L'Europe
Barokke omgeving in een van de beste restaurants van de stad.
1, Rue d'Aiguillon
Tel. 98 62 11 99
Hoge prijsklasse

service

Office de Tourisme
Pl. des Otages
29600 Morlaix
Tel. 98 62 14 94

Uitstapjes

Cairn de Barnenez ■ B 2

De megalitische grafstede (4500 v. Chr.) behoort tot de meest imposante monumenten uit die periode. Het is de oudste getuige van het stenen tijdperk in Europa. Onder de stenen grafheuvel (cairn) met een lengte van meer dan 70 m liggen elf grafkamers, waarvan twee tijdens de rondleiding bezichtigd kunnen worden. Vanaf de heuvel heeft men een wijd uitzicht over de riviermonding in Morlaix.
Dagelijks 10.00-11.30 uur en 14.00-17.45 uur
Vanaf de haven 13 km op de rechteroever van de rivier D 76 stroomopwaarts

Calvaire van Plougonven ■ B 2

In het dorp bevindt zich een van de oudste enclos paroissiaux (zie Uitstappen) in Bretagne. De indrukwekkende calvarieberg (in 1554 aangelegd) vertelt met zijn imposante beelden het lijdensverhaal van Christus. Hier vindt men bijv. het zeldzame tafereel van het Laatste Oordeel, de verzoeking door de duivel in de woestijn, de H. Yves als bemiddelaar tussen armen en rijken enz. Bij nadere beschouwing ziet men veel details: het afgesneden oor van de Romein, de tranen bij de kruisafneming, de stenen in de hand van de duivel...
Toegangsweg: 12 km ten zuidoosten van Morlaix aan de D 9.

Regionaal park Armorique ■ B 3

30 km ten zuiden van Morlaix bereikt men via de mooie weg D 769 door het binnenland **Huelgoat** aan zee, dat door veel toeristen wordt bezocht. Sinds 1969 behoort het dorpje tot het regionale park Armorique, het grootste beschermd natuurgebied van Bretagne. Het omvat uitgestrekt heideland, turfgebieden, het typische bocagelandschap en hoge bossen (Huelgoat), die vroeger grote gebieden in het binnenland bedekten. Het zogenaamde Artuscamp, een aarden wal nabij Huelgoat, wordt door archeologen als Keltische nederzetting (vermoedelijk tot 50 v. Chr.) aangeduid. Mooie wandelwegen lopen door het voormalige rijk van de druïden, met hoge varens en met mos bedekte rotsen, die fantasierijke namen kregen. Eenvoudige overnachtingsmogelijkheden en restaurants in Huelgoat.

Roscoff ■ B 2

Tussen Morlaix en Roscoff (25 km, D 58) wordt op de akkers ca. tweederde deel van de Bretonse artisjokken verbouwd. De vissers van de net 4000 inwoners tellende havenstad Roscoff hebben zich gespecialiseerd in de vangst van zeedieren, die door de »Société Langouste« naar alle landen van de wereld worden geëxporteerd (bezichtiging). De grijze granieten huizen worden overheerst door de ongewone renaissance-klokketoren van de kerk **Notre-dame-de-Kroaz-Baz**.
Slechts 4 km voor de kust ligt het **Ile de Batz**, dat elk uur door plezierboten wordt aangedaan. Het kleine »groente-eiland« (1,5x3,5 km) kan gemakkelijk in een dagtocht worden bezocht. De enige plaats, tevens veerhaven, ligt in een beschutte baai. Het eiland kan worden verkend met een fiets die men kan huren, of te voet.

Quimper

■ B 4

Op de kruising tussen land- en zeeweg kon Quimper tot lang na de middeleeuwen zijn positie als centrum van handel en economie handhaven. De samenstroom (in het Bretons: Kemper) van de Steir in de Odet, die van haar monding tot Quimper bevaarbaar is, heeft de stad haar naam gegeven. De 62000 inwoners tellende provincie-hoofdstad van het département Finistère beschouwt zichzelf ook als cultureel centrum in het westen van Bretagne. Dat komt tot uiting in musea, festivals en muziekweken. Quimper ligt in het centrum van het landschap Cornouaille (de naam is de Franse vertaling voor Cornwall). De overeenkomst van de namen doet denken aan de Kelten, die ca. 1500 jaar geleden uit Groot-Brittannië vluchtten om zich hier te vestigen. Pas later werd de regio bij het hertogdom Bretagne gevoegd. Volgens de overlevering zou koning Gradlon de stad gesticht hebben, nadat de stad Ys, waarover veel sagen in omloop zijn, ergens aan de Bretonse westkust in de golven van de Atlantische Oceaan was verdwenen. De eerste bisschop van Quimper werd de Ierse monnik Corentinus, die zich, naar men zegt, met één enkele vis, die steeds weer aangroeide, kon voeden. Tot in de 16de eeuw was Quimper door muren omringd. Tot de oude straten behoren de Rue Kéréon en de Rue Elie-Fréron, die voor de kathedraal samenkomen. Van de welstand, die veel inwoners van Quimper sinds de late middeleeuwen genoten, getuigen de gevels van de overhellende huizen rondom de kathedraal.

Quimper is tot over de grenzen van Bretagne bekend om zijn faïences

Hotels en andere logies

Dupleix
In het centrum gelegen. Omdat de kamers geïsoleerd zijn, is het lawaai van de hoofdstraat nauwelijks hoorbaar.
34, Bd. Dupleix
Tel. 98 90 53 35
29 kamers
Gemiddelde prijsklasse

Gradlon
Vrij oud hotel met kamers die op de kleine tuin uitkijken.
23, Rue de Brest
Tel. 98 95 04 39
24 kamers
Gemiddelde prijsklasse

Mascotte
De eenvoudig ingerichte kamers bieden modern comfort.
6, Rue Théodore le Hars
Tel. 98 53 37 37
63 kamers
Gemiddelde prijsklasse

Castel Camping Orangerie de Lanniron
Op het terrein van het kasteel kunnen kampeerders dichtbij de oever van de Odet hun vakantie doorbrengen. Vier-sterren-camping tegen een overeenkomstige prijs.
2 km ten zuiden van de oude binnenstad
Tel. 98 90 62 02

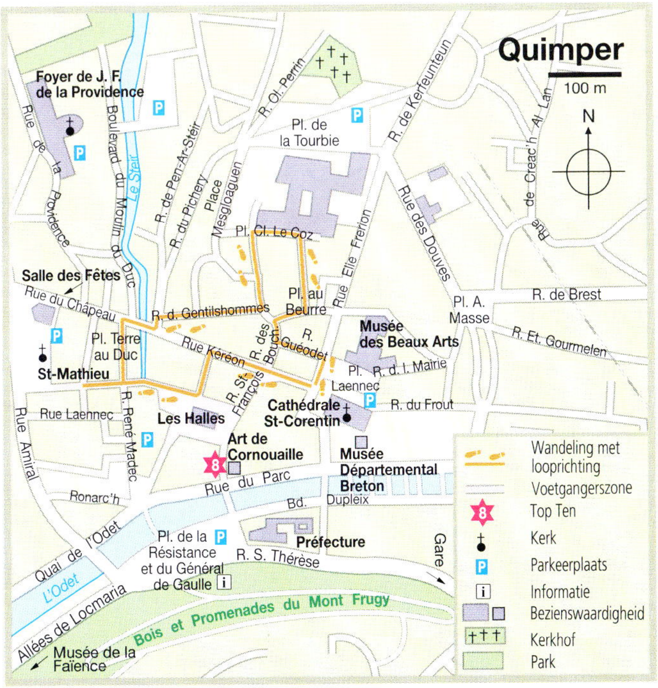

Wandeling

Vertrekpunt voor de korte wandeling door de straatjes van de binnenstad is de **kathedraal**. Links in de **Rue Guéodet** komt men langs het huis op nr. 4 met de schitterende kariatiden. Aan het eind rechts door de **Rue des Boucheries** en meteen weer rechts afslaan in de Rue du Salle naar de kleine **Place au Beurre**. Hier kan men even uitrusten in de gelijknamige crêperie, ingericht in een typisch huis uit de 17de eeuw. Als men de **Rue du Lycée** oploopt, heeft men terugkijkend een mooi uitzicht op de torens van de kathedraal en via de volgende evenwijdige straat komt men weer in de voetgangerszone. Rechts voert de **Rue des Gentilhommes** naar beneden naar de oever van de Steir, die niet ver verwijderd van de oude brug Médard ondergronds in de monding van de Odet uitkomt. Op de **Place Terre au Duc** kan het scheve vakwerkhuis niet over het hoofd worden gezien. Van het plein buigt aan de ene kant de voetgangersstraat **Saint-Mathieu** af, in de andere richting komt men bij de markthal. In de voetgangerszone **Rue Kéréon** (Schoenmakerstraatje) zijn tussen de overhellende vakwerkhuizen de fotogenieke torens van de kathedraal te zien.

Bezienswaardigheid

Cathédrale St-Corentin

De kathedraal behoort tot de belangrijkste sacrale bouwwerken in Bretagne (in de 13de eeuw begonnen). De glasramen in de galerij (15de eeuw) werden tijdens de Reformatie niet verwoest. Hoe de kunstenaar Gruber in 1980 het thema «water» heeft vertaald, toont het glasraam links van de ingang. Een beeld van de H. Corentin, de eerste bisschop van de stad, bevindt zich in de viering aan de rechterkant, medaillons in de kansel verhalen over zijn leven. Een klein beeld van Santik Du, een zwarte heilige die in de 14de eeuw pestlijders verzorgde, staat in het rechter dwarsschip. Tegenwoordig nog wordt daarnaast brood voor de armen van de stad gelegd. Aan de buitengevel tussen de beide torens (midden van de vorige eeuw) kijkt koning Gradlon hoog te paard gezeten op de burgers van zijn stad neer.

Musea

Musée des Beaux Arts

De grootste schilderijenverzameling van West-Bretagne bevat werken uit de 16de-20ste eeuw. Werken uit de «School van Pont-Aven» geven typisch Bretonse voorstellingen weer. Aan de beroemde zoon van de stad, Max Jacob (1876-1944) is een eigen zaal gewijd.
40, Pl. St-Corentin
Dagelijks juli-aug. 09.00-19.00 uur, in andere maanden dagelijks behalve di 10.00-12.00 uur en 14.00-18.00 uur

Musée Départemental Breton

In het voormalige paleis van de bisschoppen van Cornouialle zijn vondsten uit de prehistorie, oud-Bretonse kunstvoorwerpen, een grote verzameling klederdrachten, meubels uit de 17de-20ste eeuw en een ceramiekverzameling ondergebracht.
1, Rue du Roi Gradlon
Dagelijks juni-sept. 09.00-18.00 uur, in andere maanden dagelijks behalve ma en zo ochtend 09.00-12.00 uur en 14.00-17.00 uur

Musée de la Faïence Jules Verlingue

Tijdens een rondgang wordt de

De Cathédral St-Corentin domineert de oude binnenstad van Quimper

geschiedenis van faïence-produktie door foto's en vele honderden tentoonstellingsstukken uit de verschillende tijdvakken duidelijk.
14, Rue Jean-Baptiste Bousquet
Dagelijks mei-okt. behalve op zo 10.00-18.00 uur

Eten en drinken

L'Ambroisie
Verzorgd restaurant niet ver van de kathedraal. De keuken werd verscheidene keren onderscheiden.
49, Rue Elie Fréron
Tel. 98 95 00 02
Op maandagavond gesloten
Hoge prijsklasse

Au Casse-Marée
Een gezellig visrestaurant met een traditionele keuken. Enkele meters van de kathedraal verwijderd.
10, Rue du Guéodet
Tel. 98 95 57 36
Gemiddelde prijsklasse

La Fleur de Sel
Degelijk restaurant aan de oever van de Odet gelegen. Voortreffelijk bereide visgerechten.
1, Quai Neuf-Cap Horn
Tel. 98 55 04 71
Gemiddelde/hoge prijsklasse

Inkopen

HB-Henriot – Art de Cornouaille
TOPTEN 8
Reeds van buiten wordt duidelijk dat in het oude vakwerkhuis naast de kathedraal alles om faïences draait. Hier vindt men het totale produktaanbod van de oudste faïence-fabriek in Bretagne. Typisch Bretonse motieven versieren als kleine schilderijen sinds 1870 de produkten. Een ruim aanbod biedt ook de winkel «La Civette» aan de Quai, 16, Rue du Parc. Eerste en tweede keuze kan men ook bij de fabriek kopen.
Rue Haute, in het Quartier Locmaria
Verkoop door de week van maart-okt.

Les Halles
De moderne markthal is alleen al vanwege haar architectuur een bezoek waard. In de oude binnenstad.
Rue Astor

Service

Office de Tourisme
Pl. de la Resistance
29000 Quimper
Tel. 98 53 04 05, fax 98 53 31 33

Uitstapjes

Locronan ■ B 3/B 4

«Terug naar de middeleeuwen»: onder dit motto staat een uitstapje naar het 17 km noordelijker gelegen Locronan. Geraniums geven de grijze granieten huizen wat kleur, tussen de spleten in de muren van de kerk woekeren wilde bloemen; samen met de afgesleten kinderkopjes en de dorpsfontein vormt het dorp een decor voor menige film: als Engels dorp verschijnt Locronan b.v. in Polanski's film «Tess» in beeld. Eeuwenlang was laken uit Locronan een succesvol exportartikel, dat met steeds groter wordende zeilschepen het stadje welvarend maakte.
TOPTEN 7
Handwerk is weer gewild: voor de kerk wordt op een houtdraaibank gewerkt, in de historische gebouwen wordt aardewerk te koop aangeboden en laken volgens oude traditie vervaardigd. De tweede zondag in juli is een bezoek waard. Dan volgen de pelgrims dezelfde route die de H. Ronan uit Ierland in de 6de eeuw koos (zie Feesten).

Het langste en beste zandstrand vindt men bij La Baule – met zijn hoge flats een uitzondering vergeleken met de andere badplaatsen in Bretagne.

Een ander toeristencentrum aan zee in het zuiden van Bretagne strekt zich uit rondom het schiereiland **Quiberon**, dat kilometers ver in zee steekt. Dicht in de buurt, in **Carnac**, rijzen de mystieke menhirs uit het stenen tijdperk op, kilometerslang in rijen neergezet of als dolmens (graven) opgesteld. Raadselachtige getuigen van het verleden die zich uitstrekken tot in de **Golfe du Morbihan**. Aan het einde van de vele eilandjes bevinden zich de historische muren van de stad **Vannes**, die met haar oude vakwerkhuizen en smalle straatjes tot de schilderachtigste in het zuiden van Bretagne behoort. Van de middeleeuwse betekenis van deze regio getuigt ook het mooie stadje **Auray**. Eeuwenlang was de zoutwinning voor dit gebied de belangrijkste bron van inkomsten. Dat de bewoners door het »witte goud« grote welstand verwierven, kan men zien in de voormalige zouthoofdstad **Guérande**. Tot de dag van vandaag wordt in de grootste saline van Frankrijk het zout door de paludiers moeizaam met de hand gewonnen. Van groot belang was ook de turfstreek **»Brière«** in het achterland van La Baule, dat tegenwoordig druk bezocht wordt door toeristen. Vanuit verschillende havenplaatsen kunnen boottochten naar de eilandjes voor de kust worden gemaakt, waarbij het **Belle Ile**, zoals de naam reeds zegt, een van de mooiste is.

Het stille Brière-landschap...

La Baule

■ D 6

U bent niet aan de Côte d'Azur terechtgekomen, de badplaats van de superlatieven ligt in Bretagne: twaalf kilometer mooi zandstrand, omzoomd door appartementen en hotels van zes tot tien verdiepingen, met een overnachtingscapaciteit die alle andere plaatsen overtreft. Op de vierbaansweg langs de oever maken de automobilisten het de volbepakte badgasten niet bepaald eenvoudig om het zilte nat te bereiken. Op het strand wordt de vakantieganger dan snel teleurgesteld wanneer hij hartje zomer een eenzaam plekje verwacht – ca. 150 000 gasten zoeken namelijk hetzelfde...

Het gebogen badstrand is ongetwijfeld een van de mooiste van de hele streek, misschien zelfs van Frankrijk, er is voldoende gelegenheid om zich te vermaken. Bij eb is het bovendien een waar paradijs voor mosselrapers. Tussen de pijnbomen staan nog enkele mooie villa's van rond de eeuwwisseling, toen er nog veel meer stonden omdat het strandtoerisme in de hogere kringen bon-ton was geworden. Bij de aanleg van de spoorlijn werd het superstrand »ontdekt«, met het aanplanten van pijnbomen werden de stuifduinen tegengehouden en werden systematisch infrastructurele werken uitgevoerd.

Inmiddels is La Baule met zijn naburige plaatsen Le Pouliguen en Pornichet aan beide zijden van de baai over een lengte van twaalf kilometer aan elkaar gebouwd.

De populairste badplaats ligt aan de rand van het schiereiland Guérande die heel veel afwisseling biedt: zoutwinning als in vroeger tijden, een »woeste« rotskust bij Le Croisic met zijn vissershaven en ongerepte natuur in het Parc Régional de Brière, het grootste veengebied van Frankrijk, waar u nog idyllische plekjes en zeldzame vogelsoorten kunt ontdekken.

...en de vakantiekolonies van La Baule

Hotels en andere logies

Met ca. 4000 hotel- en pension-bedden kan hier slechts een klein aantal worden genoemd.

Bellevue Plage
Strandhotel. Verschillend ingerichte kamers. Balkon en uitzicht op zee.
27, Bd. de l'Océan
Tel. 40 60 28 55
34 kamers
Hoge prijsklasse

La Palmeraie
Rustig gelegen hotel met bloemen-tuin en schaduwrijk terras.
7, Allée des Cormorans
Tel. 40 60 24 41
23 kamers
Gemiddelde prijsklasse

St-Bernard
Familiehotel in de stad, ouderwets ingericht en omringd door pijnbomen.
6, Av. des Evens
Tel. 40 60 32 02
7 kamers
Laagste prijsklasse

St-Christophe
Heel mooi en gezellig hotel uit de beginperiode van het toerisme, zeer genoeglijk. Rustige ligging met tuinterras, sommige kamers met balkon.
Pl. Notre Dame
Tel. 40 60 35 35
28 kamers en 4 suites
Gemiddelde prijsklasse

Eten en drinken

Alexandra
Direct aan de oeverpromenade. Riant uitzicht op zee en strand.
3, Bd. René-Dubois
Tel. 40 60 30 06
Hoge prijsklasse

Henri
Eetzaal in een conventionele omgeving, prima keuken.
161, Av. de Lattre de Tassigny
Tel. 40 60 23 65
Hoge prijsklasse

Hermitage
Toprestaurant met voortreffelijke keuken. Behoort tot het gelijknamige vier-sterren-hotel.
5, Espl. Lucien-Barrière
Tel. 40 24 33 65
Luxeklasse

Inkopen

Bij de meest mondaine badplaats in Bretagne, die door een overeen-komstig gefortuneerd publiek wordt bezocht, horen ook dure winkels. In de straten «Avenue de Gaulle», «Quartier du Casion», «Avenue de Lattre» concentreren zich chique boetieks met een uit-eenlopend aanbod, dat varieert van geschenkartikelen, sieraden, parfums tot en met Hi-Fi-installaties. Elke ochtend markt.

's Avonds

's Avonds kan men zijn vertier zoeken in bioscopen en theaters of men kan een concert bijwonen. Een ander soort ontspanning biedt het casino. Hier en in discotheken zoals «Le Churchill» en «Le Grange» komen nachtbrakers aan hun trekken.

Service

Office de Tourisme
Pl. de la Victoire, B.P. 161
44504 La Baule
Tel. 40 24 34 44, fax 40 11 08 10

Uitstapjes

Batz-sur-Mer ■ D 6

Zout, zout en nog eens zout. Bij de aanblik vanaf de 60 m hoge kerktoren zien de salinen eruit als een patchwork-patroon. Sinds vele generaties wordt in de aangrenzende «marais salant» het zout moeizaam met de hand aan de zee ontrukt. Door een ingenieus systeem van kanalen voert de vloed dagelijks nieuwe voorraden aan in de bekkens tot de arbeiders van de salinen het zout voorzichtig bij elkaar kunnen harken. Langs de weg wordt zout en gemarineerde salicorn – soort kool die bij vlees en salades kan worden gegeten – aangeboden. De zouttuinen vormen een ideaal leefgebied voor zeldzame vogelsoorten. Dat de techniek van de zoutwinning tot nu toe nog maar weinig veranderd is, kan men zien in het interessante **Musée Intercommunal des Marais Salants**, 29bis, Rue Pasteur, aan de hoofdstraat in Batz, dagelijks 10.00-12.00 uur en 15.00-19.00 uur, buiten het seizoen za en zo 15.00-19.00 uur.

Le Croisic ■ D 6

Er zijn vele redenen voor een tocht naar de oude havenstad: bijvoorbeeld vanwege de ligging op een landtong, met de «Côte Sauvage» grenzend aan de open Atlantische Oceaan. Helemaal in het westen kan men gratis de zonsondergang zien. Het centrum van Croisic strekt zich uit langs de beschutte noordkant van de landtong, waar de vissers elke dag hun vangst aan land brengen. Om een visveiling mee te maken, moet men natuurlijk wel op tijd opstaan. Voor de mosseltelers begint bij eb het werk op het uitgestrekte zandtapijt voor de stad. Le Croisic is goed voorbereid op vakantiegangers. Langs de kadestraat wisselen de souvenirwinkels, salons de thé en restaurants elkaar af. **«Le Bretagne»** is een in gourmetgidsen veelvuldig onderscheiden adres: 11, Quai de la petite Chambre, hoge prijsklasse

Office de Tourisme
Pl. du 18 Juin 1940
44490 Le Croisic
Tel. 40 23 00 70

TIP

In het **Océarium in Le Croisic** heeft men eventjes het gevoel of men op de zeebodem loopt. Zonder gevaar kan men de haaien van onderen bekijken, traag zwemmen roggen en andere reusachtige vissen om de toeschouwer heen. Maar dat is nog niet alles. In de »touch-pool« bevinden zich zeesterren, slakken en zeekomkommers die men mag aanraken. Hier krijgt men interessante informatie over de geboorte van haaien tot en met de verschillende mosselsoorten. Av. de St-Goustan, dagelijks juli en aug. 10.00-22.00 uur, juni 10.00-19.00 uur, in andere maanden dagelijks 10.00-12.00 uur en 14.00-19.00 uur

Guérande ■ D 6

Guérande is een bezienswaardige oude stad, omgeven door een ronde verdedigingsring. De »ville close« wordt in de zomer door veel vakantiegangers bezocht. De auto moet men vanwege de smalle straatjes vrijwillig buiten de stad parkeren. In de masssieve hoofdpoort »Porte St-Michel« is thans het streekmuseum ingericht. Een belangrijk onderdeel vormt het »witte goud«, maar er zijn ook klederdrachten, meubels, wapens e.d. te zien (dagelijks 09.30-12.00 uur en 14.00-19.00 uur). In de romaans-gotische kerk **St-Aubin** worden in de zomer een keer per week orgelconcerten gegeven. Op de weg van La Baule naar Guérande ligt het **Château de Careil** (14de-16de eeuw), dat een tussenstop meer dan waard is.

Office de Tourisme
1, Pl. du Marché au Bois
44350 Guérande
Tel. 40 24 96 71

Parc Régional de la Brière ■ D 5/E 5

Sinds 1970 is het grootste veengebied van Frankrijk beschermd natuurgebied. Een boeiend moeraslandschap waar vele kanalen doorheen lopen en waarop de Brièrebewoners zich met platte houten schuiten voortbewogen. Tegenwoordig worden boottochten (»promenade en barque«) voor toeristen aangeboden, bijvoorbeeld naar het dorpje **St-Lyphard**. In de plaats **Ile de Fédrun** kan een huis met de oorspronkelijke inrichting worden bezichtigd (juni-sept.). Het oude gedeelte van het dorpje **Kerhinet** (in het oosten aan de D 47) werd weer volledig gerestaureerd. In **St-Malo de Guersac** werd een botanisch studiepad aangelegd, vanwaar men de grote verscheidenheid van de Brière-vogels kan waarnemen.

Office de Tourisme de Brière
Maison du Sabotier
2, Rue des Excluses
44410 La Chapelle-des-Marais
Tel. 40 66 85 01
Vanuit La Baule via de D 127 naar St-André-des-Eaux, daarna over de D 47 met de wijzers van de klok mee om de Brière heen (ca. 75 km).

La Roche-Bernard ■ D 5/E 5

Op een rots boven de Vilaine ligt La Roche-Bernard. In de plezierboot van de Vedettes Jaunes kan men over het mooiste stuk van de rivier varen. De auto kan men het beste aan de haven parkeren om door de bochtige straat naar de bovenstad lopen. Schitterend vergezicht. Reeds de Vikingen hadden de ligging gebruikt om de waterweg te controleren. De huizen rondom de Place du Bouffary herinneren aan de bloeiperiode, toen La Roche-Bernard nog aan de zoutweg naar Guérande lag en in de werven de modernste schepen werden gebouwd. In het Château des Basses-Fosses, het huis van een welgestelde zouthandelaar, laat het **Musée de la Vilaine Maritime** het gewone leven van de zeelieden en de geschiedenis van de stad zien. Dagelijks tijdens het seizoen 10.00-19.00 uur, zo middagpauze, di gesloten

Office de Tourisme
In het »Maison du Canon« uit de 16de eeuw
Pl. du Pilori
56130 La Roche-Bernard
Tel. 99 90 67 98

Carnac

■ C 5

Aan de ene kant, aan de Baie de Quiberon, strekken zich gezinsvriendelijke zandstranden uit, aan de andere kant het grootste megalietveld van Europa, daartussen ligt het drukke strand Carnac-Plage. Rondom Carnac vindt men duizenden menhirs, neergezet in kilometerslange rijen als alignement, in een halve cirkel in een cromlech gerangschikt of afzonderlijk als reusachtige menhirs tussen heidestruiken. De betekenis van deze alignements ligt nog steeds in het duister van hun 4000- tot 6500-jarige verleden. Terwijl enkele wetenschappers ze als gewijde plaatsen beschouwen, vertegenwoordigen andere geleerden een astronomische theorie, volgens welke de rangschikking van de stenen verband houdt met de sterren. Over het gebruik van de dolmen of van de tumulus als graf van een of meer personen is men het daarentegen in hoge mate met elkaar eens. Er zijn slechts weinigen die geloven in de bovenmenselijke krachten van een Obelix bij het overeind zetten van de granieten stenen die duizenden kilo's wegen. Alle tot nu toe bekende technieken vereisten een grote inzet van mensen, dus ook een goede organisatie. Op de »Route des Alignements« kan men na een dag aan het strand bij zonsondergang al mijmerend over deze mystieke gewijde plaatsen tussen de rijen stenen door lopen. Van het »centrum van de megalitische cultuur« is het slechts een klein eindje naar het Belle-Ile; men kan echter ook uitstapjes maken naar Vannes, naar het mooie stadje Auray of naar de »Côte Sauvage« bij Quiberon.

Overblijfselen van een onbekende cultuur: de megalietvelden van Carnac

Hotels en andere logies

Le Bateau Ivre
Modern strandhotel tussen pijnbomen, zwembad vlak voor de balkons; de zee voor de deur.
71, Bd, de la Plage
Tel. 97 52 19 55
18 kamers
Gemiddelde prijsklasse

Le Diana
Comfortabel vier-sterren-hotel aan het strand.
21, Bd. de la Plage
Tel. 97 52 05 38
33 kamers
Hoge prijsklasse

Du Tumulus
Gerieflijk stadshotel met verwarmd zwembad en tuin.
31, Rue du Tumulus
Tel. 97 52 08 21
25 kamers
Gemiddelde prijsklasse

Camping
Ca. 20 campings in verschillende categorieën in Carnac en omgeving. Enkele direct bij de alignements tussen pijnbomen.

Wandeling

Een wandeling langs de mystieke plekken uit het Neolithicum in het noorden van Carnac is vooral in de late namiddag aan te bevelen, wanneer de stenen door de zon worden beschenen: een fantastische aanblik. Langs de **Route des Alignements** (D 196) strekken zich enkele kilometers lang de drie belangrijkste menhirvelden van Europa uit. Als men ze allemaal wil bezichtigen is bij deze afstanden een fiets het beste vervoermiddel. Ter bescherming van de gewijde plaatsen zijn enkele menhirvelden omheind. Vertrekpunt is de parkeerplaats bij de **Archéoscope**, waar men zich door een multi-mediashow over het megaliettijdperk in de juiste stemming kan laten brengen. De **Alignement du Ménec** ligt hier tegenover. De langste rij stenen wordt na 1,2 km lengte door een halfcirkelvormige rangschikking afgebakend.

TOPTEN 6

Verder oostwaarts kan de **Alignement de Kermario** van de verhoogde tribune goed worden waargenomen. Meer dan 1000 menhirs werden hier in 11 rijen neergezet, van 6 m hoogte systematisch kleiner wordend. Borden brengen wat licht in de duisternis van het verleden. Bretonse aanduidingen zoals Men-Hir = Steen-Groot en Dol-Men = Tafel-Steen zijn vaste begrippen geworden in het jargon van de wetenschap. Ten slotte brengt ons een uitstapje naar de **Tumulus van Kercado** op het terrein van het gelijknamige château. Men veronderstelt dat het zeer goed bewaard gebleven ganggraf rond 3800 v.Chr. is ontstaan.
De grootste menhir van het gehele complex, **le Géant du Manió** vindt men niet ver van de weg bij de manège in het dennebos. In het aangrenzende menhirveld **Kerlescan** werden 600 rotsblokken waaiervormig gerangschikt. Het einde van de »reis in het verleden« wordt gevormd door de **Dolmen de Kerlescan** in het oosten.
Het is best mogelijk dat zich tussen de drie alignements in het Neolithicum nog meer menhirrijen bevonden, die in de loop van duizenden jaren werden verwijderd. Dat zou een »gewijde plaats« van ca. vier km lengte hebben opgeleverd.

Bezienswaardigheid

Tumulus St-Michel
Het complex werd genoemd naar de kapel die op de 5500 jaar oude grafheuvel staat. Hij behoort tot de grootste uit het megalitisch tijdperk. Over een lengte van 125 m en een breedte van 60 m bevinden zich twee grafkamers en enkele zogenaamde steenkistgraven.
Gelegen aan de noordelijke rand van de stad
Dagelijks 10.00-18.00 uur, in mei, sept, okt. dagelijks 10.00-12.00 uur en 15.00-18.00 uur

Museum

Musée de Préhistoire
Het uitstekende museum is een van de beste ter wereld op het gebied van de prehistorie.
In quick-motion worden 450000 jaar geschiedenis didactisch aanschouwelijk voorgesteld. Alle belangrijke archeologische vondsten in deze streek kunnen hier worden bezichtigd.
10, Pl. de la Chapelle
Dagelijks juli en aug. 10.00-18.30 uur, in het weekend middagpauze van 12.00-14.00 uur, de rest van het jaar dagelijks behalve di 10.00-12.00 uur en 14.00-18.00 uur

Eten en drinken

Auberge de Kerank
Rustieke omgeving met veel natuursteen. De maaltijden worden in Bretonse klederdracht geserveerd.
3 km buiten Carnac
Rt. de Quiberon
Tel. 97 52 35 36
Hoge prijsklasse

Le Churchill
Ongewone omgeving voor een verzorgd diner, zeer goede keuken, veel vis.
71, Bd. de la Plage
Tel. 97 52 19 55
Hoge prijsklasse

Inkopen

Markt
Elke wo en zo grote markt.

Service

Office de Tourisme
74, Av. des Druides
56342 Carnac-Plage
Tel. 97 52 13 52, fax 97 52 86 10

Weelderig bloeiende hortensia's op het «mooie eiland»: Belle-Ile

Uitstapjes

Belle-Ile ■ C 5/C 6

Het is niet alleen het mooiste – zoals de naam zegt -, maar ook het grootste Bretonse eiland. Toch zijn de afmetingen dusdanig dat men het eiland met de fiets in een dag kan verkennen (17 km lang, 5-10 km breed). Vanaf de grootste plaats **Le Palais** lopen de straten in alle windrichtingen. De beste badstranden liggen in het noordoosten: mooi zand op la Plage des Grands Sables. Naar open zee toe wordt de kust erg woest. Hoogtepunten zijn hier de bizarre rotsformaties bij **Port Coton** nabij de grote vuurtoren, de rotsen van **Port Donnant** en de kust bij de **Apothekersgrot** in het noordwesten. De schoonheid van het eiland was reeds vroeg bekend in de hogere kringen. Tot de vaste gasten van het eiland behoorde de actrice Sarah Bernhardt, die zo gecharmeerd was door de noordpunt, dat zij het fort aan de Pointe des Poulains tot haar zomerresidentie liet verbouwen. In het museum van de stervormige vesting in Le Palais kan men o.a. foto's van haar en haar vrienden zien. De frequente overtocht van Quiberon naar Le Palais duurt 45 minuten.

Erdeven ■ C 5

In het westen strekt zich de **Alignement van Kerzerho** direct naast de weg D 781 uit. Elfhonderd negenentwintig menhirs, die deels in een bosje staan, zijn hier maximaal 5 m hoog. In de onmiddellijke nabijheid liggen de dolmens van **Crucuno** en van **Mane Groh**, beide met kolossale afdekplaten.

Locmariaquer ■ D 5

Belangrijke megalietvondsten werden in de omgeving van het dorpje (1200 inwoners) aan de Golfe du Morbihan ontdekt: 350 ton weegt de **Grand Menhir**, die met 20,40 m de grootste prehistorische steen in Bretagne is. Hij is in vier delen uiteengevallen en geeft aanleiding tot veel raadsels. Ook de vraag hoe het reusachtige rotsblok van het schiereiland Quiberon naar deze plaats werd vervoerd, blijft onopgehelderd. De dolmen **Table des Marchands** is opmerkelijk door zijn graveringen. De talrijke vondsten uit de Tumulus d'er Vingle bevinden zich thans in het museum van Carnac.

Quiberon ■ C 5

Het smalle schiereiland met een lengte van 15 km is in de »taille« niet breder dan de toegangsweg en het spoorwegtracé. De vakantiegangers begeven zich in de zomermaanden naar de mooie zandstranden. Zowel brandingssurfers als beginnelingen komen hier aan hun trekken. Bij eb komen uitgestrekte zandvlakten vrij voor de strandzeilers. In het westen kunnen langs de »Côte Sauvage« lange kustwandelingen worden gemaakt. De zee heeft de rotsen tot kleine grotten en inhammen uitgehold, die in het licht van de ondergaande zon zeer fotogeniek zijn. Er zijn voldoende campingplaatsen en hotelbedden en er is gezorgd voor legio sportmogelijkheden. Vanuit de haven in Quiberon vertrekken boten naar de eilanden voor de kust.

Office de Tourisme
14, Rue de Verdon
56170 Quiberon
Tel. 97 50 07 84

Vannes – Golfe du Morbihan

■ D 5

De «Ville d'Art et d'Histoire» – zo presenteert zich de hoofdstad van het département Morbihan met haar 45 000 inwoners – wordt in de zomer door veel straatmuzikanten en toeristen bezocht. Als in vroeger tijden liggen de boten vlak voor de stadspoort. Rondom de kathedraal zou de middeleeuwse aanblik bijna volmaakt zijn als er geen ansichtkaartenmolens stonden en de minitrein voor toeristen niet reed. Buiten de stadsmuren, die grotendeels behouden zijn, breidde Vannes zich in de 19de en 20ste eeuw uit.

Van hieruit kunnen mooie uitstapjes naar de Golfe du Morbihan en omgeving worden gemaakt. Vele honderden eilanden en eilandjes, die afhankelijk van de getijden verdwijnen of verschijnen, steken boven de «kleine zee» (Bretons Mor Bihan) uit. Belangrijke megalitische monumenten duiden op een bewogen tijd, 4000-6500 jaar geleden. Nadat het land pas geruime tijd geleden door aardverschuivingen in zee verdween en de golf vormde, treft men tegenwoordig zelfs nog enkele megalietvondsten op eilanden of in zee aan.

De beslissende zeeslag van de Romeinen tegen de Veneters (Keltisch volk in Bretagne) werd in de golf in Caesars aanwezigheid in het voordeel van de veroveraars beslecht. De grootste betekenis kreeg de stad in de middeleeuwen omdat hier het Bretonse parlement gevestigd was. In 1532 werd hier de unie van het hertogdom Bretagne met Frankrijk getekend.

De oude binnenstad van Vannes wordt verlevendigd door straatmuzikanten

Hotels en andere logies

Aquarium'Hôtel
Modern, tussen het groen gelegen hotel met verscheidene verdiepingen.
Parc du Golfe
Tel. 97 40 44 52
48 kamers
Gemiddelde prijsklasse

Le Roof
Een drie-sterren-hotel met unieke ligging direct aan de Golf. Vanaf het balkon uitzicht op de zeilschepen en de zee.
Presqu'île de Conleau
Tel. 97 63 47 47
41 kamers
Gemiddelde/hoge prijsklasse

Le Ty Lann
Het hotel in het 2 km verwijderde naburige dorp St-Avé behoort tot de hotelketen «Logis de France» – een garantie voor degelijk comfort. Zwembad.
Tel. 97 60 71 79
20 kamers
Gemiddelde prijsklasse

Camping
Aan de Golfe du Morbihan liggen een tiental campings. De camping «Conleau» bevindt zich op het gelijknamige schiereiland en is het dichtst bij de stad gelegen. Busverbinding naar het centrum. Geopend van april-eind sept.
Tel. 97 63 13 88

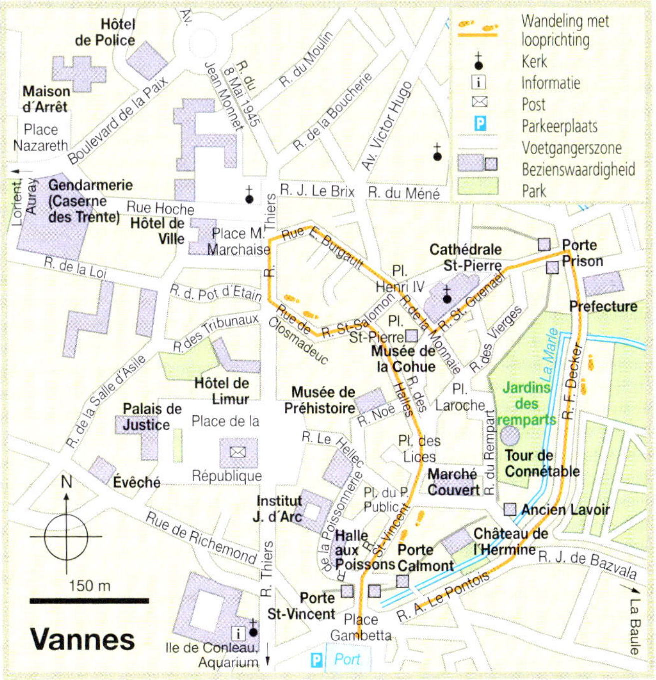

Wandeling

Vertrekpunt is de Place Gambetta bij de jachthaven. Door de voormalige stadspoort **Porte St-Vincent** bereikt men al gauw de Place des Lices met de oude markthal. De vakwerkhuizen lopen door in de zijstraten **Rue P. René Roger** en **Rue des Halles**. Uit de 15de eeuw stamt het huis met het populaire fotomotief: «Vannes et sa femme» – twee gebeeldhouwde vrouwenbusten op de hoek van de antiekwinkel. In het **Château Gaillard** ertegenover vergaderde het Bretonse parlement, tegenwoordig is hier het prehistorisch museum ondergebracht. De wandeling door de voetgangersstraat, waar veel restauranttafeltjes buiten staan, wordt aan het eind links in de **Rue St-Salomon** voortgezet. Door de verleidelijke etalages kunnen de gevels van de oude vakwerkhuizen gemakkelijk over het hoofd worden gezien. Het huis op nr. 13 bijvoorbeeld is versierd met originele afbeeldingen van dieren. Als men in de hoofdstraat **Rue Thiers** rechts omhoog loopt, ziet men weldra aan de linkerkant het representatieve stadhuis. De voetgangersstraat **Rue Emile Burgault** voert van hieruit weer naar de **Place Henri IV** in de oude binnenstad: aan de ene kant is tussen vakwerkhuizen de kathedraal te zien, aan de andere contrasteert de architectuur van rond de eeuwwisseling. Tegenover het schitterende portaal van de kathedraal staat de voormalige markthal «La Cohue», waarin het kunstmuseum is ingericht. De wandeling voert langs de lange zijde van de kathedraal naar de **Porte Prison**, waar vroeger de gevangenistorens naast stonden. Indien de stadsmuren toegankelijk zijn, kan men als alternatief over deze stadswallen heen lopen tot bij de Rue des Vierges. Na de stadspoort rechts loopt men langs het bloemenpark «Jardins des remparts» voor de gerestaureerde stadsmuren (14-15de eeuw). De imposante **Tour de Connétable** stamt uit 1425. Het washuis (begin 19de eeuw) aan de oever van het riviertje Marlé is een van de weinige bewaard gebleven voorbeelden van dit soort in Bretagne. Het eenvoudige **Château de l'Hermine**, ingeklemd tussen de stadsmuren, was vroeger de residentie van de Bretonse hertogen. Door de aangrenzende **Porte Calmont** (14de/15de eeuw) komt men weer bij het vertrekpunt uit. Duur ca. 1-1 1/2 uur.

Bezienswaardigheden

Cathédrale St-Pierre

Aan de voornamelijk laatgotische kathedraal werd 600 jaar gewerkt en steeds weer veranderingen uitgevoerd. In de 13de eeuw begonnen de werkzaamheden voor de derde kerk op deze plaats. De ronde zijkapel (1536-37) geldt als een uniek voorbeeld van de renaissance-architectuur in Bretagne. Hier worden de relikwieën van de H. Vincent vereerd, die in 1419 in Vannes tijdens een gebed stierf. Achter de kooromgang bevindt zich de ingang naar een andere gotische kapel, aan de zijkant van deze kapel lopen wij naar de kerkschat (trésor).

Hôtel de Ville

Het massieve stadhuis aan de Place Marchais stamt uit 1862, in classicistische stijl ontworpen door de architect A. Charier.

Papillons Tropicaux

Bananenbomen, palmen en honderden kleurrijke vlinders. In de grote ruimte fladderen ze vrij rond.

Parc du Golf
Dagelijks juli, aug. 10.00-19.00 uur, in andere maanden 10.00-12.00 uur en 14.00-18.00 uur

Aquarium
Opmerkelijke architectuur aan de ingang van de Golf. Van het zeepaard via haaien tot en met de krokodil zwemmen hier veel exotische vissen in ca. 50 bassins.
Parc du Golf
Dagelijks van juni-aug. 09.00-19.00 uur, in andere maanden 09.00-12.00 uur en 13.30-18.30 uur

Musea

Le Musée des Beaux Arts
Behalve schilderijen, etsen en sculpturen uit de 19de eeuw kunnen hier ook meubels en kunstvoorwerpen worden bezichtigd.
Pl. St-Pierre
Dagelijks 10.00-12.00 uur en 14.00-18.00 uur, okt.-mei di en zo ochtend gesloten

Musée de Préhistoire
In het oude «Château Gaillard» is een van de meest bezienswaardige musea over de prehistorie ingericht.
2, Rue Noë
April-okt. dagelijks behalve zo 09.30-12.00 uur en 14.00-18.00 uur, in andere maanden ma-vr 14.00-17.30 uur

Eten en drinken

La Jonquière
Vriendelijk restaurant in de oude binnenstad. Tafeltjes ook op de smalle voetgangersstraat.
9, Rue des Halles
Tel. 97 54 08 34
Gemiddelde prijsklasse

Le Pressoir
Toprestaurant, in een voormalige schuur ingericht. Er worden Bretonse specialiteiten geserveerd.
4 km noordwaarts in St-Avé
7, Rue de l'Hôpital
Tel. 97 60 87 63
Op zondagavond en ma gesloten
Luxe klasse

Le Richemond
Het restaurant bij het station is een van de beste in de stad.
Pl. de la Gare
Tel. 97 42 61 41
Luxe klasse

TIP

Tumulus des Gavrines – een uitstapje in het verleden
Het waarschijnlijk beste voorbeeld van een heuvelgraf ligt op het kleine eiland Gavrines. De cairn (stenen heuvel, ca. 5500 jaar oud), waarin zich de dolmen bevindt, heeft een omvang van 100 m. Bijna alle 50 rotsplaten zijn van gravures voorzien, wat in dit aantal uiterst zelden voorkomt. Waren dat religieuze symbolen? De wetenschap staat voor een raadsel. Dit geldt ook voor de nieuwste ontdekking dat enkele stenen reeds in het neolithicum als voetstuk gediend hebben. Veerbootverbinding van het dorpje Larmor-Baden. Bezichtiging met gids all-in bij de overtocht, in de zomer ongeveer elk half uur. ■ D 5

La Voile d'Or
Evenals de andere restaurants en bistro's bij de ingang van de oude binnenstad bekoort het hotel-restaurant door het uitzicht op de haven.
Pl. de Gambetta
Tel. 97 42 71 81
Gemiddelde prijsklasse

Inkopen

Abistos Broc's
Hier zijn alle mogelijke kanten kleedjes en zelfs de traditionele coiffes te koop.
7, Rue des Closmadeuc

Antiques Quattrocento
In de kleine antiekwinkel kan men gezellig rondneuzen. Naast de martkhal.
2, Rue Porte Poterne

François-le-Villec
Tafellakens en faïences in hetzelfde design, ook met traditionele Bretonse dessins.
11, Rue St-Guenhaël (naast de kathedraal)

Service

Office du Tourisme
In de buurt van de haven, in een historisch vakwerkhuis.
1, Rue Thiers
56000 Vannes
Tel. 97 47 24 34, fax 97 47 29 49

Boottochten
Vanaf de boot wordt het bijzondere karakter van de golf met zijn vele eilanden en oesterbanken pas echt duidelijk. De passagiersboten varen af in Vannes bij Parc du Golfe en in Auray. Bij sommige tochten is een verblijf op de twee grootste eilanden «Ile aux Moines» of «Ile d'Arz» mogelijk.
Info in het toeristenbureau

Uitstapjes

Auray ■ C 5/D 5

Op warme zomerdagen wordt de idyllische rivierhaven van Auray door veel toeristen bezocht. Voor de historische gevels in de oude stadswijk St-Goustan hebben de restaurants en café's hun stoelen op de kinderkopjes gezet. Zeilboten liggen in de bocht van de rivier, waar vroeger handelsschepen hun goederen overlaadden. Tegenwoordig kan men op de voormalige jaagpaden wandelen. Vanaf de «Promenade du Loch» heeft men het mooiste uitzicht op de mooie wijk. De bovenstad is via de steile voetgangersstraat «Rue du Château» met de haven verbonden. De belangrijkste processie in Bretagne vindt eind juli in de 6 km verwijderde naburige stad **St-Anne d'Auray** plaats. Tienduizenden pelgrims en toeschouwers begeven zich dan naar het stadje.

TOPTEN 9

Presqu'île de Rhuys ■ D 5

Als de schaar van een grote kreeft omsluit het schiereiland aan de oostzijde de Golfe du Morbihan. Over de nauwelijks 2 km brede opening naar zee wordt het water bij Port-Navalo met de getijden naar binnen en naar buiten gestuwd. De **Tumulus van Tumiac**, vlak voor Arzon, is de belangrijkste grafheuvel in dit gebied. Van het **Château Suscion** aan de zuidzijde van het schiereiland zijn de kolossale buitenmuren, geflankeerd door zes torens, bewaard gebleven. De waterburcht uit de 13de/14de eeuw was korte tijd de zetel van de Bretonse hertogen.
Archeologisch museum (het hele jaar geopend).

Tro Breizh, zeggen de Bretons als zij een tocht door hun regio bedoelen. Er zijn vele mogelijkheden om dit land te ontdekken.

Het oorspronkelijke, woeste en romantische Bretagne begint ver verwijderd van de drukke badstranden. Daar liggen de kastelen en burchten langs de vroegere oostgrens, waardoor de Franse agressors gedurende vele eeuwen niet in staat waren het gebied te veroveren. Daar is het **Brocéliande** waarover veel sagen in omloop zijn, waar de graal-legende weer herleeft, waar tovenaars en feeën nog steeds de fantasie van de wandelaars prikkelen. Van dorp tot dorp, van calvaire tot calvaire kan men in het hartje van Finistère, temidden van een niet spectaculair glooiend landschap, de merkwaardigste parochies van Bretagne ontdekken. Het »einde van de wereld«, waar de rotsen steil naar zee aflopen, kan men tijdens een tocht door het westen verkennen. Bretagne heeft niet alleen een zeer dicht wegennet, dat varieert van autosnelwegen tot hobbelige landweggetjes, maar ook 600 kilometer waterwegen. Dat zijn pittoreske rivieren en oude kanalen uit de tijd van Napoleon, waar vaak schaduwrijke jaagpaden langs lopen. Ver weg van de drukte van alledag tuffen de recreatieschippers op hun woonboten van sluis naar sluis, leggen in rustige dorpjes aan of besluiten een kasteel te gaan bezichtigen.
Alle beschreven uitstapjes staan op de overzichtskaart aangegeven.

Een kustwandeling, zoals hier bij Cap Sizun, hoort bij elke vakantie in Bretagne

Tour de Calvaire

De tocht door het centrum van de Finistère (West-Bretagne) voert naar de voornaamste omheinde parochies in Bretagne, die in de late middeleeuwen door de naijver van destijds rijke lakensteden tot unieke kunstwerken werden versierd. Daarbij heeft elke **Enclos Paroissial** (omheinde parochie) zijn karakteristieke eigenschappen. Op de eerste ca. 50 kilometer naar St-Thégonnec liggen de dorpen zo dicht bij elkaar dat dit deel van de bezichtigingsroute ook met de fiets op een dag kan worden afgelegd (enkele hellingen).

Vertrekpunt van de tocht is de stad **Landerneau** aan de Elorn, die in de late middeleeuwen de overslagplaats voor laken uit het achterland was. Enkele met leisteen gedekte huizen zijn op de oude brug (reeds in 1510 gebouwd) bewaard gebleven. Vier kilometer slingert de D 712 langs de rivieroever, tot het steil omhoog loopt naar **La Roche-Maurice**. Aan de rand van het dorp vindt men de omheinde parochie.

De dood als inspiratiebron

Zulke Enclos Paroissiaux bestaan in Finistère naast de kerk en het kerkhof uit een zeer uiteenlopend versierde calvaire en een knekelhuis. Het geheel is door een muur omgeven, waarbij de ingang in sommige dorpen tot een gigantische triomfboog werd versierd. De hoge drempel moet geesten tegenhouden. In La Roche-Maurice verfraait een van de weinige houten koorgalerijen van Bretagne de kerk **St-Yves**. Behalve veel kleine details kan men grimassen aan het eind van de schoorpijlers ontdekken. Het knekelhuis (ossuaire) werd hier bijzonder mooi uitgevoerd. Deze renaissance-bouwwerken werden pas later in de Enclos Paroissial ingericht, toen het kerkhof te klein werd. De uitgegraven beenderen kregen hier – netjes gesorteerd en gemerkt – een tweede rustplaats. De dood ter linkerzijde duidt op de reeds sterk verweerde basreliëfs, die burgers van alle standen voorstellen, volgens het devies: niemand zal door mij gespaard worden... In het vijf kilometer verwijderde **Ploudiry** herhalen deze taferelen zich, maar ze zijn beter bewaard gebleven. Het naburige dorp **La Martyre**, 1,5 kilometer verderop, heeft in vergelijking met zijn aantal inwoners een heel grote Enclos Paroissial. Door zijn triomfboog waarop de bescheiden calvaire geplaatst werd, betreedt men het dorp. Bezienswaardig is hier het oudste voorportaal (uit 1455), een in Bretagne steeds weer terugkerende bouwwijze met zijn zeer goed bewaard gebleven apostelen aan beide zijden. Tussen de prachtige beelden kan men tot zijn verbazing een golfspeler (rechterzijde!) ontdekken. Boven de wijwaterbak staat een klein duiveltje op de loer. Acht kilometer verderop ligt **Sizun**, waarvan de Enclos

Paroissial de mooiste en grootste triomfboog heeft. In vergelijking met de drie imposante bogen lijkt de calvaire vrij bescheiden. De beelden van de apostelen op het knekelhuis, waarin nu ansichtkaarten verkocht worden, vertonen nog restanten van de vroegere beschildering. Een imposant barokaltaar verfraait het kerkkoor, de buitengevel is door een fries met verweerde beelden omgeven. Vanuit deze plaats voert de D 764 en de D 30 in de richting van Landivisiau.

Prachtige kerken

Het is de moeite waard om een omweg te maken naar het bijna uitgestorven dorp **Locmélar**. De heel mooi gerestaureerde kerk heeft een ongewone apsis. Voor de ingang wordt de calvaire reeds met verscheidene beelden versierd: twee Romeinse ruiters bewaken de terechtgestelden. **Lampaul-Guimiliau** bereikt men via een bochtige weg (7 kilometer). De door de bliksem getroffen kerktoren is al van verre te zien. Deze Enclos Paroissial onderscheidt zich door het prachtige interieur van de kerk. De lijdensweg van Christus wordt zowel in de triomfbalk afgebeeld alsook heel gedetailleerd in 80 beelden in het passie-altaar links van het koor. Het vier kilometer verwijderde **Guimiliau** overtreft met zijn calvaire alle andere.

Leven – in steen gehouwen

Van de geboorte tot de opstanding verhalen 200 beelden in bewogen taferelen het leven van Christus. Het genoegen waarmee bijvoorbeeld twee soldaten de »koning der joden« de kroon opzetten, is duidelijk zichtbaar. Bijzondere aandacht verdient het tafereel in de hel, waarbij Katel Gollet met ontblote boezem – vermoedelijk een dorpsschoonheid – door de duivels in de diepte wordt getrokken en geduwd. Men moet niet achteloos langs het portaal lopen; het is versierd met episoden uit het Oude en het Nieuwe Testament. De inrichting van de kerk is minder kleurrijk dan in Lampaul-Guimiliau, maar het houtsnijwerk in de altaren, de kansel en de prachtige doopvont van eikehout zijn vergelijkbaar en soms zelfs mooier. Voor een rustpauze kan men terecht in het Relais du Calvaire: vanaf het terras kan men de hele parochie overzien.

TOPTEN 10

De architecten van het Enclos Paroissial van **St-Thégonnec** (8 kilometer verderop) wilden vooral representatief zijn. De stenen beelden in de calvaire zijn sprekender dan die in Guimiliau: twee soldaten willen Jezus, die geblinddoekt is, een klap geven: bij de graflegging is het verdriet duidelijk zichtbaar; zeer indrukwekkend is ook het tafereel van de bewakers bij de opstanding. De inrichting van de kerk is voornamelijk in barokstijl uitgevoerd. Informatiefolders en fotoboeken worden in het voormalige knekelhuis verkocht.
De tocht voert verder over de

D 785 door het heuvellandschap van de Finistère naar het 20 kilometer verwijderde **Roc Trévezel**, de met 384 meter hoogste heuvel van Bretagne. Het gebied werd in 1969 tot »Regionaal Park Armorique« verklaard en strekt zich uit tot de kust. De oostelijke grens vormt het plaatsje **Huelgoat**, dat men na 14 kilometer over de D 764 bereikt. Vanaf de beide meren zijn talrijke wandelwegen aangegeven. Door het heuvelachtige binnenland gaat het over de D 14 naar **Pleyben**. Het loont de moeite om even te stoppen bij de kerk. Aan de calvaire (1550-1650) met 200 sculpturen hebben verscheidene generaties gewerkt. Bij de graflegging zijn de tranen van de vrouwen duidelijk te zien. Hier vindt men ook het zeldzame tafereel hoe Jezus in de hel afdaalt. Evenals de moordenaars zijn ook de heilige drie koningen in de stijl van de late middeleeuwen gekleed. De renaissance-klokketoren werd pas later aan de kerk (16de eeuw) aangebouwd. Het plafond van de kerk is als een hemelgewelf versierd. Aan de balken is kleurrijk houtsnijwerk te zien. Vanuit Pleyben rijdt men naar Quimper; het is nog 36 kilometer naar Douarnenez aan de kust.

Landerneau – Pleyben 125 km
Duur: twee dagen met de auto, met de voorgestelde bezichtigingen
Kaart: voorflap

Levendige sculpturen in de Enclos Paroissial van St-Thégonnec

Door het wilde westen

De route voert langs talrijke kapen, nu eens bedekt met een groene laag, dan weer overheerst door bizarre rotsformaties of uitlopend in hoog opgestapelde rotsblokken; deze kapen hebben echter één ding gemeen: ze zijn prachtig om te zien. Het dagtochtje kan in Brest of in Quimper beginnen. De autoweg verbindt de beide steden die 83 kilometer van elkaar verwijderd liggen.

Het rustige dorp **Le Faou** aan de mondingsbaai van de Aulne was voor de uitvinding van de automobiel een halteplaats voor de postkoetsen op weg naar Quimper. Enkele huizen met hun typische leisteenbekleding bleven in de hoofdstraat behouden. Uit de late middeleeuwen stammen de gebeeldhouwde beelden van de apostelen in het voorportaal van de bezienswaardige dorpskerk (16de eeuw). Vanuit Le Faou gaat het verder naar de westpunt van het **schiereiland Crozon**. Aan het begin van de D 791 heeft men uitzicht op de bocht in de Aulne, waar niet zelden oorlogsschepen voor anker liggen. Het loont de moeite om een omweg te maken naar de kloosterruïnes van **Landevennec**, dat tot het gelijknamige dorpje op de landtong behoort: de verwoesting van het complex begon met de Vikingen en eindigde met de Franse Revolutie. Helemaal in het westen van het schiereiland Crozon liggen kapen als de vingers van een hand in zee.

Schouwplaatsen van de geschiedenis

Tussen de bremstruiken langs de

Aan de Bretonse westkust kan men getuige zijn van ontketende natuurkrachten

kustweg D 355 heeft men steeds weer een nieuw uitzicht op de militaire bases. Vanaf de **Pointe des Espagnols** in het noorden, de «goulet» (flessehals), zoals de toegang van de grootste natuurlijke haven van Frankrijk wordt genoemd, kan het drukke scheepvaartverkeer in de haven van Brest heel goed worden bekeken. Dat wisten ook al de Spanjaarden die tijdens de godsdienstoorlogen (1589) van hieruit tevergeefs tegen de protestanten vochten (vandaar de naam). Veel overwoekerde bunkers uit de tijd van de Duitse bezetting in de tweede wereldoorlog. Wilt u verse langoesten, kreeften of zeespinnen eten in een authentiek vissersdorp voor een schilderachtig decor van oude scheepswrakken? Dan moet u rond de middag stoppen in **Camaret-sur-Mer**. Reddingsboeien en scheepsmodellen in de kapel «Notre-Dame-de-Rocamadour» herinneren aan de gevaren die het beroep van visser tijdens de afgelopen eeuwen met zich meebracht. In de slag om Camaret (17de eeuw) speelde de verdedigingstoren van de vestingarchitect Vauban, gelegen aan het eind van de dijk, een doorslaggevende rol.

Hoogtepunten van de natuur

In het dorp buigt de doodlopende straat af naar de **Pointe de Penhir**, die tot de meest woeste kapen aan de westkust behoort. De granieten punten steken tot 70 m loodrecht uit de zee op. Bij de overwegende westenwind slaan de golven met volle kracht tegen de rotswanden, en het bruisende schuim stuift omhoog tot bij het oorlogsmonument. Op zonnige dagen kan men het Ile d'Ouessant in het noorden en de Pointe du Raz in het zuiden zien liggen. Voetpaden voeren langs rotswanden en duizelingwekkende ravijnen. Bij de nabijgelegen **Pointe de Dinan** heeft de zee een inham uit de rots gespoeld, die als «Château» wordt aangeduid (voetpad).
De grootste plaats **Crozon**, aan het einde van de D 8, loopt naadloos over in de badplaats **Morgat** met zijn lange zandstranden. De beschutte baai is heel geschikt om te surfen. Met een plezierboot kunnen tochten naar de grotten worden gemaakt. Vanuit Morgat is het zeven kilometer naar de **Cap de la Chèvre** aan het einde van de D 255.
Hier wordt het landschap overheerst door heide en brem. Een voetpad voert naar de afgrond 100 meter boven de zee. Even snel als het weer verandert aan de westkust ook het uitzicht: nu eens lijkt het tegenovergelegen schiereiland Pointe du Raz vlakbij, dan weer is het in nevelen gehuld.
Wanneer we de tocht vervolgen over de D 887 loopt de weg weldra door een landschap van pijnbomen en heide. 21 kilometer achter Crozon buigt een doodlopende weg af naar **Ménez-Hom**. Met 330 meter is dit de hoogste kustberg; vanaf de top reikt het uitzicht bij helder weer van de

gerafelde kust van de Finistère tot ver in het achterland. Vanaf de met heide bedekte ronde bergtop stijgen in het weekend de deltavliegers op.
Op weg naar de Pointe du Raz mag men niet verzuimen een wandeling door het middeleeuwse dorp **Locronan** te maken (zie Quimper, Uitstapjes). Waar de D 7 de kust bereikt, liggen de mooie zandstranden van **Douarnenez**. Bij het zwemmen en surfen (bij vloed) ziet men het silhouet van de havenstad. In het «Musée de bateaux» aan de kade kan men verschillende soorten vissersboten bezichtigen. Om de vier jaar vindt in juli hier de internationale vlootschouw met oude zeilschepen plaats. Uit alle delen van Europa gaan dan in de haven de prachtige schepen voor anker. Het wordt bijzonder kleurrijk wanneer de oldtimers voor een rondvaart in de baai de zeilen hijsen – de volgende vlootschouw is in 1996. De hoofdweg D 765 voert over de bergrug van het schiereiland. In Pont Croix buigt de met borden aangegeven weg af naar **Cap Sizun**. De klippenkust met zijn contrasterende kleuren is beschermd natuurgebied (Réserve Naturel). Tegen een geringe toegangsprijs kunnen de vast geïnstalleerde verrekijkers gratis worden gebruikt. Daarmee kunnen de onbeholpen zeekoeten tijdens het aanvliegen van het nest, in juni de pluizige jonge vogels van de drieteenmeeuwen aan de steile kust en de dwergaalscholvers buiten op de brandingsrotsen waargenomen worden. Omdat dit een beschermd natuurgebied is kunnen zeldzame kustbloemen weer gedijen. Vanuit de 10 kilometer verwijderde **Pointe du Van** heeft men het beste uitzicht op de beroemdere, nabijgelegen **Pointe du Raz**. De woeste rotsklip kondigt zichzelf reeds van verre aan door de grote parkeerplaats voor bussen, souvenirkraampjes, crêperieën en hotelrestaurants aan het einde van de D 784. In zeevaartkringen was de naam met angst en dood verbonden, omdat de westkust bezaaid is met riffen. Gevaren die men als «landrot» kan vermoeden door het aantal vuurtorens tot aan de archipel van het Ile de Sein. In de Baie des Trépassés zouden volgens de overlevering de schipbreukelingen zijn aangespoeld! Tot aan het uiterste puntje van de kaap voert een gemarkeerd voetpad over een weggetje, dat tussen afgrond en hoge rotsen (ca. 1 1/2 uur, ook als tocht met gids mogelijk) door loopt. In de beschutte rivierhaven **Audierne** (15 kilometer verwijderd) liggen de vissersboten drie rijen dik. Van hier, of bij eb van het 3 kilometer verwijderde **Ste-Evette** vaart de plezierboot af naar het Ile de Sein. Vanuit Audierne kan men direct naar Quimper rijden of men zoekt een verlaten strand op aan de kilometerslange Baie d'Audierne, die zich uitstrekt tot het vissersdorp St-Guénolé aan de Pointe de Penmarch.

TOPTEN 7

Duur: lange dagtocht met de auto
Kaart: zie voorflap

Door Oost-Bretagne

De route voert door de grensplaatsen van Bretagne die, goed versterkt met burchten, herhaaldelijke aanvallen van Frankrijk op de kleine onafhankelijke staat in het uiterste westen konden afslaan. Pas door een listige huwelijkspolitiek kon Bretagne bij het grote buurland worden gevoegd.
Vanuit St-Malo voert de D 4 naar **Dol-de-Bretagne**. Zoals het wandtapijt van Bayeux (in Normandië) laat zien, was de plaats op de heuvel reeds ten tijde van de Vikingen versterkt. Scheve vakwerkhuizen getuigen in het stadje met de kathedraal nog steeds van zijn lange verleden. Twee kilometer van de uitgang van het stadje verwijderd staat met 9,30 meter een van de grootste menhirs van Bretagne. De D 795 voert verder naar **Combourg**, waar de beroemde dichter François René Châteaubriand een deel van zijn jeugd in het kasteel doorbracht (Bezichtiging zie St-Malo). Over de D 796 en de D 155 bereikt men na 55 kilometer **Fougères**.

Onneembare vestingen

De met dertien weertorens zeer goed beveiligde plaats lag in de middeleeuwen op het kruispunt van de drie provincies: Normandië, Maine en Bretagne, en was daarmee dus van groot strategisch belang. U zult het niet geloven, maar ondanks de ongewone ligging beneden in het dal was de vesting onneembaar. De reden lag besloten in de gebrekkige reikwijdte van het toenmalige geschut en het omliggende moerasgebied, dat stormaanvallen

Kasteel Josselin – imposante burchten zijn niet zeldzaam in Oost-Bretagne

onmogelijk maakte (grootste veemarkt van West-Frankrijk elke vrijdagochtend).
Daarna gaat het verder naar **Vitré**, waarvan de burcht vanaf de D 178 komend een imposante indruk maakt. Op de rotspunt gebouwd, beveiligde ze als een schild de middeleeuwse handelsstad die ten tijde van de geloofsoorlogen het toevluchtsoord van veel Hugenoten was. Vanaf het kasteel van de markiezen wordt de tocht over de autoweg N 12 vervolgd naar het 39 kilometer verderop gelegen **Rennes**. In het westen van de hoofdstad bereikt men over de N 24 het **Forêt de Paimpont,** het grootste bewaard gebleven bosgebied van Bretagne (zie Rennes, Uitstapjes).
Zesentwintig kilometer verder in **Ploërmel** kan men de unieke astronomische klok (L'Horloge) van de monnik Bernardin en de kerk bezichtigen. Na 8 kilometer bereikt men het fotogenieke stadje **Josselin** met zijn machtige burcht, waarvan vier torens in de rivier weerspiegelen. Als er dan ook nog enkele woonboten in de optrekkende mist liggen, dan is de idylle volmaakt. Behalve de vakwerkhuizen, het kasteel en de kerk Notre-Dame-du-Roncier is ook het poppenmuseum bezienswaardig. Evenals alle belangrijke plaatsen in het binnenland heeft ook **Pontivy**, 32 kilometer verderop over de D 764, een vesting. De oude hertogstad ligt aan de monding van de Blavet in het Nantes-Brest-kanaal, vroeger de belangrijkste verkeersader. Om de smalle bochtige straatjes in de oude binnenstad liet Napoleon in 1806 een nieuwe stadswijk bouwen. De snelste weg terug naar de kust loopt via Loudéac (D 700), St-Méen (N 164) en over de D 766 naar Dinan. Indien men over meer tijd beschikt, moet men vanaf Merdrignac de kleinere, evenwijdig lopende, kronkelige verkeersweg D 763 naar Dinan nemen.

Duur: 2-3 dagen
Kaart: voorflap

TIP

Het **Manoir du Tertre** midden in het bos van **Brocéliande** is heel geschikt om te overnachten. Hier kunt u in een hemelbed slapen, in de gemoedelijke eetzaal dineren en de volgende ochtend aan het tweede deel van de tocht beginnen. De acht kamers in het oude herenhuis zijn stijlvol ingericht met een moderne badkamer. M. Gouguenheim, 35380 Paimpont, tel. 99 07 81 02, gemiddelde prijsklasse

Over kanalen door Bretagne

Kunt u zich een heel andere vakantieweek voorstellen? Ongedwongen over de Bretonse rivieren tuffen, aan groene oevers uitrusten, aan dek in de zon liggen, met de fiets een tochtje over het jaagpad maken of met een hengel mijmerend aan de waterkant zitten. In kleine rustige stadjes boodschappen doen, chique uit eten gaan en met de sluiswachter een praatje maken? Waterwegen met een lengte van meer dan 600 kilometer doorsnijden Bretagne. Tot de uitvinding van de trein waren ze de belangrijkste transportwegen door het binnenland. Het **Nantes-Brest-kanaal** werd door Napoleon aangelegd om op die manier de Engelse zeeblokkade te omzeilen. Als kanaal werd daarbij het traject van Pontivy tot de bovenloop van de **Aulne** uitgebouwd. Daarbij had het aan het begin van de 19de eeuw nog andere afmetingen dan tegenwoordig het Rhein-Main-Donau-kanaal.

De ontdekking van de traagheid

In **Redon** stromen de waterwegen van Bretagne uit alle windrichtingen samen. Het stadje in het binnenland met zijn mooie oude straatjes is daardoor een ideaal uitgangspunt voor een »Tour de Bretagne par bateau«. In de stad regelen vier sluizen de verschillende waterstanden van de rivieren. Het loont de moeite om een bezoek te brengen aan de kerk **St-Sauveur** waarvan sommige delen nog uit de 12de eeuw stammen, en aan het

Het binnenloodsen is toch altijd een beetje spannend

Met een woonboot vaart u op uw gemak door het Bretonse achterland

Musée de la Bataillerie, waar de geschiedenis van het vervoer over het kanaal aanschouwelijk is gemaakt. Bij vroegtijdige reservering liggen de klassieke pénichettes van het betreffende verhuurbedrijf reeds voor u klaar in de recreatiehaven (Port de Plaisance). Als kennismaking is de weekendtocht naar **La Roche-Bernard** heel geschikt. Op de route toont het landschap rondom de Vilaine twee gezichten: aanvankelijk slingert de rivier door vlak weideland, totdat voor La Roche-Bernard het ravijnachtige, groene stuk tot bij de stuwdam bij Arzal begint.

Een tocht naar het oosten tot **Nort** aan de Erdre en terug duurt ongeveer vijf dagen. Daarbij moet men 32 sluizen passeren. De tocht over de Erdre naar Nantes kan tot een week worden verlengd. Volgens koning Frans I was dit de »mooiste rivier van Frankrijk«. Omdat wij hier maar één sluis hoeven te passeren, schieten wij goed op en kunnen wij genieten van de aanblik van de talrijke kastelen en herenhuizen.

Vanuit Redon in noordelijke richting naar het schilderachtige stadje Dinan (en terug) duurt de tocht ongeveer twee weken, waarbij een tussenstop in de Bretonse hoofdstad Rennes zeker de moeite loont. De mooiste riviertochten voeren van Redon naar het westen, over het aanvankelijk idyllische traject van het Nantes-Brest-kanaal. Langs de rivieroevers staan hier en daar hoge populieren, in wier schaduw de oude jaagpaden lopen. Over Malestroit (drie dagen heen en terug) vaart men rustig naar Josselin (een week vanuit Redon heen en terug). Met de laatste van de 36 sluizen doemt ook al de machtige burcht van Josselin op. »Recreatieschippers« kunnen vlak voor het middeleeuwse bolwerk aanleggen, vanwaar het slechts een klein eindje is naar het centrum. Na enkele dagen bereikt men Pontivy (twee weken vanuit Redon heen en terug, 164 sluizen), waar zich eveneens een vesting bevindt. Ten noorden hiervan, bij het **Lac de Guerlérdan** begint het kanaal, waarmee de verbinding met Brest tot stand werd gebracht. Met de uitbouw van de waterweg liet Napoleon ook de stad, die als steunpunt van groot belang was, uitbouwen. Het contrast tussen middeleeuws vakwerk en de »nieuwbouw« van de 19de eeuw is tijdens een wandeling nog steeds zichtbaar. Als men nog niet terugkeert, kan men kiezen voor een tocht over de **Blavet** in de richting van de zee. De afstand tussen Pontivy en Hennebont bedraagt 72 kilometer, waarbij 28 sluizen gepasseerd moeten worden.

Bootverhuurbedrijven:
Comptoir Nautique de Redon,
2, Quai Surcouf – B.P. 155, 35605
Redon, tel. 99 71 46 03
Een lijst met alle bootverhuurbedrijven in Bretagne is verkrijgbaar bij het Comité Regional de Tourisme (zie Bretagne van A-Z).
Kaart: zie voorflap

Alarmnummers

In heel Frankrijk gelden de alarmnummers 17 voor de politie, 18 voor de brandweer.

Bestuur

Bestuurlijk wordt de regio Bretagne in vier Départements ingedeeld: Ile-et-Vilaine (hoofdstad Rennes), Côtes d'Armor (hoofdstad Saint-Brieuc), Finistère (hoofdstad Quimper), Morbihan (hoofdstad Vannes). Sinds 1986 zetten afgevaardigden van Bretagne in de Conseil Régional (regionaal bestuur) zich in voor de belangen van hun regio. Als adviseurs hebben deskundigen zitting in het Comité Economique et Social (economisch en sociaal bestuur).

Bevolking

De Bretons zijn vriendelijk, maar niet overdreven vriendelijk of opdringerig. Een uitnodiging thuis is heel bijzonder. Van de ca. 2,8 miljoen Bretons woont 53% in de steden. Ongeveer een vijfde deel van de Bretons wonen in en om de steden Rennes, Lorient en Brest, 30% van de bevolking in het kustgebied.

Dieren

De Fransen houden vooral van honden. Er zijn ook veel hotels en campings waar dieren welkom zijn.

Diplomatieke vertegenwoordigingen

Nederlandse Ambassade
7-9 Rue Éblé
75007 Parijs
Tel. 5786188

Belgische Ambassade
9 Rue de Tillsitt
75840 Parijs
Tel. 3806100

Douane

Met de invoering van de EU-binnenmarkt op 1 januari 1993 zijn de douanecontroles aan de binnengrenzen opgeheven (echter niet de veiligheidscontroles). Daardoor bestaan er geen kwantitatieve in- en uitvoerbeperkingen voor tabak, alcohol enz. meer binnen de EU. Het moet echter duidelijk zijn dat de goederen die u meeneemt uitsluitend voor particulier gebruik zijn bedoeld. Indien de douane echter vermoedt dat u de goederen gaat verhandelen, dan moet u accijns betalen. Voor de duty-free-inkoop gelden de volgende hoeveelheidsbeperkingen: 200 sigaretten of 100 cigarillo's of 50 sigaren of 250 gram tabak, 1 l sterkedrank of 2 l likeur en 2 l wijn, 50 g parfum of 0,25 l eau de toilette.

Economie

Communicatie-elektronika, auto-industrie en papierfabrieken hebben zich in Rennes gevestigd. Aan de kust is de visvangst de belangrijkste bron van inkomsten. De boeren kunnen dankzij de milde golfstroom twee keer per jaar oogsten. Op de ranglijst van toeristengebieden in Frankrijk staat Bretagne op de tweede plaats na de Côte d'Azur, waardoor de inkomsten uit de dienstverlenende sector een belangrijke bijdrage leveren aan de nationale begroting.

Feestdagen

1 Januari Nieuwjaar
Paasmaandag

1 Mei Dag van de Arbeid
Pinkstermaandag
14 Juli Franse nationale feestdag
15 Augustus Maria Hemelvaart
1 November Allerheiligen
11 November Wapenstilstand 1918
25 december Kerstmis
De plaatselijke feesten staan vermeld in de feestkalender die bij de toeristenbureaus verkrijgbaar is.

Fooi

Het »pour-boire« bestaat nog, ook al is de service in de restaurants inmiddels in de prijs inbegrepen. In de dienstverlenende sector wordt fooi verwacht.

Fotograferen

Motieven zijn er meer dan genoeg, daarom is het raadzaam om voldoende filmrolletjes van thuis mee te nemen, omdat ze in Frankrijk duurder zijn. In elke plaats is minstens een fotozaak. In musea moet men eerst vragen of er gefotografeerd mag worden. Als men al mag fotograferen, is dat meestal zonder flitslicht.

Geld

Franse francs zijn in 100 centimes (c) onderverdeeld. Er zijn muntstukken in omloop van 5, 10 en 20 c en 1/2, 1, 2, 5, 10 en 20 FF alsook bankbiljetten van 20, 50, 100, 200 en 500 FF.

Indien men beschikt over verschillende betalingsmiddelen zoals eurocheques, contant geld, credit cards en/of een postspaarbankboekje, dan kan men altijd contant geld opnemen. Bij het wisselen van contant geld wordt de meest ongunstige wisselkoers gehanteerd. De geldwisselkantoren en banken berekenen uiteenlopende provisies.
De wisselkoers van de Franse franc is aan schommelingen onderhevig. In Frankrijk kan men in de betere

De belangrijkste Franse muntstukken en bankbiljetten

hotels, restaurants, bij tankstations, tolkantoren op de autosnelweg en in bepaalde winkels met **credit cards** betalen. Wijd verbreid zijn Visa, American-Express, Diners en Eurocard. **Eurocheques** worden bij banken en postkantoren ingewisseld en kunnen op sommige plaatsen ook als betalingsmiddel worden gebruikt. De **banken** zijn geopend van ma-vr of van di-za.

Getijden

De stand van de zon en de maan ten opzichte van de aarde is verantwoordelijk voor de getijden. Het getijdenverschil (hoogteverschil tussen hoog- en laagwater) is in de baai van St-Malo met 14 m het hoogste in Europa. Om de 12 uur en 25 minuten herhaalt zich het spel van eb (marée basse) en vloed (marée haute).

Inlichtingen

In bijna elke toeristisch belangrijke plaats vindt men een »Office du Tourisme« of een »Syndicat d'Initiative« (Vereniging voor Vreemdelingenverkeer). Hier kan men inlichtingen inwinnen over de regio, evenementen en feesten. Ze helpen u ook aan adressen van hotels, pensions en campings. De openingstijden zijn in de regel van 09.00-12.00 uur en 14.00-18.00 uur op werkdagen. Tijdens het hoogseizoen langere openingstijden; sommige zaken zijn ook tussen de middag geopend.

Frans Nationaal Verkeersbureau
In Nederland:
Prinsengracht 670
1017 KX Amsterdam
Tel. 020-247534

In België:
Guldenvlieslaan 21
B 1060 Brussel
Tel. 02-513 07 62

Zoals overal in Frankrijk populair: jeu de boules

Kleding

Het weer in Bretagne is erg wisselvallig. Daarom moet men zowel zwembroek als warme trui meenemen. Als u dan ook nog iets tegen de regen meeneemt, dan bent u goed uitgerust. Als u niet van plan bent om 's avonds naar het casino of het theater te gaan, dan is chique kleding niet per se nodig. Daarentegen zijn rubberlaarzen of plastic sandalen voor een wandeling over het wad zeer raadzaam.

Kranten

De grootste Nederlandse en Belgische kranten en tijdschriften zijn in veel plaatsen in de Bureaux de Tabac verkrijgbaar. Hier zijn natuurlijk ook de landelijke Franse kranten te koop.

Medische verzorging

Het is aan te bevelen om van tevoren bij uw ziektekostenverzekeraars te informeren of u ook voor Frankrijk verzekerd bent. Het is verstandig om een reis- en ongevallenverzekering af te sluiten. Deze geeft wel een dekking tot een bepaald bedrag, maar dokterskosten kunnen aanzienlijk zijn. Ziekenfondsverzekerden zullen geen problemen hebben als zij naar een dokter moeten of in het ziekenhuis worden opgenomen; toch is het raadzaam om van tevoren contact op te nemen met uw ziekenfonds, om u volledig te informeren.

Nudisme

Op de officiële badstranden is nudisme niet gangbaar. »Topless« wordt verschillend beoordeeld.

Plaatsnamen

Alle plaatsnaamborden zijn in twee talen – Bretons en de Franse »vertaling«. De namen zijn heel willekeurig, Ker betekent dorp (b.v. Kermaria) of Plou = gemeente (b.v. Plougenvent). Tre duidt een dorpje of buurtschap in de gemeente aan (Tregastel) of Lan een heel klein dorpje (b.v. Lannion). Coz of Hen betekent oud (Cap-Coz, Hennebont), en Porz duidt op een havenplaats. Vooral in het westen van Bretagne verschaffen ze informatie over de immigratie in de 5de-7de eeuw.

Post

De openingstijden van de postkantoren (PTT) zijn afhankelijk van de grootte van de plaats: ma-vr 09.00-18.00 uur en za 09.00-12.00 uur is met enige afwijkingen de regel, waarbij sommige postkantoren ook tussen de middag geopend kunnen zijn. Postzegels krijgt men ook in het Bureau de Tabac.

Radio

Er zijn veel plaatselijke zenders; radio Armorique geeft informatie over Bretagne en kan bijna overal in het westen worden ontvangen. Ook de Nederlandse en Belgische informatieprogramma's kunnen op de kortegolf worden ontvangen.

Reisweer

Water en lucht zijn in juli/augustus het warmste; dit is dus de beste tijd voor een luie strandvakantie. Maar dan begeven zich de meeste mensen naar hun vakantiebestemming: Fransen, Engelsen, Italianen – dan is het hier erg druk en kan het moeilijk zijn om onderdak te vinden. In mei/juni en eind augustus/begin september is het rustiger, waarbij het voorjaar met zijn kleurenpracht, de bloeiende hortensia's en de schitterend gele brem te verkiezen is. In elk jaargetijde moet rekening worden gehouden met storm en regen.

Stroomaansluiting netspanning

220 Volt is in Bretagne gebruikelijk. De stopcontacten hebben echter een andere norm. De platte »Eurostekkers« kunnen zonder probleem worden gebruikt, voor stekkers met aardingscontact is een speciale adapter noodzakelijk.

Taal

Het Bretons is een zelfstandige taal, waarvan de oorsprong in het Keltische verleden ligt. De schrijftaal is pas onlangs ontwikkeld. Ongeveer een half miljoen Bretons spreken hun eigen taal, en deze tendens neemt nog steeds toe. Het Bretons bestaat uit verschillende dialecten die erg van elkaar kunnen verschillen. Er wordt onderscheid gemaakt tussen »Vannetais« en de in het westen gesproken varianten. De schrijver Ernest Renan uit Tréguier was zich bewust geworden van zijn Keltische afkomst en heeft zijn boeken in het Bretons geschreven. Terwijl de Bretonse taal sinds de Franse Revolutie onderdrukt werd en de Bretons bestraft werden als zij hun moedertaal spraken, kent ze tegenwoordig een bloeiperiode. Op de universiteiten van Rennes en Brest werd zelfs de studierichting »Keltische talen« ingevoerd.

Telefoon

In de telefooncellen van de PTT wordt pas na het gesprek betaald. Bijna alle openbare telefoon-

De juiste klimaatgegevens aan de hand van het voorbeeld van Brest:

	Gemiddelde temperaturen in °C		Zonne-uren per dag	Regendagen	Water-temperatuur in °C
	dag	nacht			
Januari	8,6	3,7	2,3	22	10
Februari	8,8	3,3	3,4	16	10
Maart	11,6	4,7	4,6	15	10
April	13,0	5,7	6,6	15	10
Mei	15,4	8,0	7,6	14	12
Juni	18,1	10,6	7,3	13	14
Juli	19,4	12,0	7,1	14	15
Augustus	19,7	12,4	6,8	15	16
September	18,2	11,3	5,4	16	15
Oktober	15,2	8,7	4,0	19	14
November	11,5	6,3	2,4	20	13
December	9,4	4,3	1,9	22	11

Bron: Deutscher Wetterdienst, Offenbach

toestellen zijn omgebouwd voor gebruik van telefoonkaarten. Men kan ze bij het postkantoor en in het Bureau de Tabac kopen. Telefoneren vanuit de hotelkamer is gemakkelijk, maar soms ook duurder. In Frankrijk moet het kengetal ook bij lokale gesprekken worden gedraaid of ingetoetst.

Kengetallen:
Van België naar Frankrijk: 0033
Van Nederland naar Frankrijk: 0933
Van Frankrijk naar België: 1932
Van Frankrijk naar Nederland: 1931

Televisie

In elk hotel van gemiddelde en hoge prijsklasse staat in elke kamer een televisietoestel. Bij kabel- en satellietaansluiting kunnen ook andere Europese programma's worden ontvangen. Wie zijn eigen televisietoestel meeneemt, zal teleurgesteld worden, omdat Frankrijk een ander zendsysteem hanteert. Uitkomst biedt een multinormtelevisietoestel dat ook op Secam-West kan worden omgeschakeld.

Tijd

In Bretagne geldt de Middeneuropese tijd. De zomertijd duurt van eind maart tot eind september.

Hier vindt u de in dit boek beschreven bezienswaardigheden, musea, hotels en uitstapjes. Bovendien bevat dit register belangrijke trefwoorden, typische benamingen en alle tips van deze reisgids.

Published originally under the title "Bretagne" (Dirk Schröder)

Deze uitgave: Deltas, België-Nederland
Nederlandse vertaling: Jo Hendriks
D-MCMXCIV-0001-261
NUGI 471
Gedrukt in België

Omslagfoto: M. Thomas
Kaarten: Kartografie Huber

Foto's:
P. Fisher 38
R. Gorgas 112
H. Hartmann 6, 16, 23, 49, 66,
68, 76, 78, 83, 85, 102, 113
D. Schröder 9, 10, 13, 15, 17, 19, 26, 43, 50,
54, 57, 62, 70, 73, 75, 90, 94, 99, 103, 108, 109
M. Thomas 2, 4, 7, 11, 28, 33,
40, 42, 56, 60/61, 64, 80, 86
H. Wohner 5, 35, 46, 71, 92, 106